LES FONDA-MENTAUX DE LA PUB-LICITE

LES FONDAMENTAUX DE LA PUBLICITÉ
est édité par PYRAMYD NTCV
15, rue de Turbigo
75002 Paris – France
Tél. : 33 (0) 1 40 26 00 99
Fax : 33 (0) 1 40 26 00 79
www.pyramyd-editions.com

Copyright ©AVA Publishing SA 2006
Texte français ©PYRAMYD NTCV, 2008

Édition française : Céline Remechido, Émilie Lamy,
assistées de Clémence Thomas
Traduction : Martine Desoille
Correction : Camille Chaplain
Conception graphique de la couverture : Akatre, www.akatre.com

ISBN : 978-2-35017-145-6
1er dépôt légal : 2d semestre 2008
2d dépôt légal : 2d semestre 2010
Imprimé à Singapour

LES FONDA- MENTAUX DE LA PUB- LICITE

KEN BURTENSHAW, NIK MAHON
ET CAROLINE BARFOOT

Sommaire

Bien utiliser ce livre

Les Fondamentaux de la publicité s'adresse aux étudiants désireux de comprendre les fondements de la communication publicitaire, les principaux enjeux et étapes d'une campagne promotionnelle et le rôle des agences de communication.

Nous commencerons par étudier l'organisation interne d'une agence de communication moderne, les outils, médias et supports dont elle dispose et les avantages et inconvénients de chacun. Dans un deuxième temps nous aborderons la planification, le développement et la mise en œuvre d'une campagne.

Enfin, nous traiterons de l'avenir du secteur de la communication. Cette dernière partie s'accompagne d'une liste d'organismes et de contacts utiles pour ceux qui souhaitent faire carrière dans la publicité.

Tous les procédés et techniques abordés dans cet ouvrage sont illustrés de nombreux exemples de publicités réalisées par les meilleurs concepteurs publicitaires.

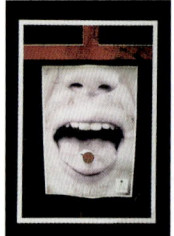

Piercing
Les médias tactiques sont souvent opportunistes. Dans cette campagne pour Oslo Piercing Clinic, des objets saillants de la façade d'immeubles proches de la clinique sont intégrés à l'affiche elle-même.

Annonceur : Oslo Piercing Studio / Agence : Leo Burnett Oslo / Chef de publicité et directeur artistique : Erik Heisholt / Rédacteurs : Erik Heisholt, Marianne Heckmann, Per Erik Jarl

** ForeheADS** (Jeu de mots entre les termes « forehead » et « ads », qui signifient respectivement « front » et « publicité » ; ci-contre)
L'agence Cunning Stunts a formé un réseau d'étudiants arborant des décalcomanies en forme de logos ou de slogans sur le front.

Agence : Cunning Stunts

Tee-shirt de bus
Cette affiche singulière réalisée pour Diaz utilise l'espace de façon créative.

Annonceur: Procter & Gamble / Agence: Leo Burnett / Directeurs artistiques et rédacteurs: Clark Edwards et Nick Pringle

The Economist
Pourquoi ne pas se servir du toit d'un bus? De nos jours, n'importe quel espace urbain est bon à prendre pour promouvoir un produit ou une marque. Ici, le journal The Economist dit « Bonjour » à tous ses lecteurs occupant des bureaux élevés!

Annonceur: The Economist / Agence: Abbott Mead Vickers BBDO Ltd. / Équipe artistique: Malcolm Duffy et Paul Brignanaw

Avantages du support
- Dès l'instant qu'il s'adapte à toutes les dimensions et formes de support, l'affichage permet aux concepteurs de déployer des trésors d'inventivité.
- Il peut être tridimensionnel, ce qui élargit d'autant plus le champ de la créativité.
- Le public va passer devant l'espace et lire le message plusieurs fois par jour.
- Les espaces publicitaires peuvent être achetés à proximité du point de vente du produit.
- L'affichage permet à une marque de capter l'attention du public sur le long terme.
- Flexibilité du temps d'affichage: la location des espaces publicitaires individuels ou en lots peut aller de deux semaines à un an, et les affiches peuvent être renouvelées chaque mois.
- Flexibilité régionale: la location des espaces publicitaires peut se faire à l'intérieur du champ d'émission d'une chaîne de télévision donnée, au sein des conurbations, villes petites et moyennes, ou d'environnements ciblés (voire sous les fenêtres d'un concurrent!).

Inconvénients du support
- Il peut être la cible de vandalisme et de graffitis.
- La période d'affichage, parfois primordiale pour les annonceurs, peut être aléatoire.
- La location de l'emplacement peut s'avérer onéreuse.
- Avec l'affichage, il est moins facile de toucher un public national comparativement à d'autres supports comme les grands quotidiens ou les magazines.
- Les meilleurs sites sont parfois occupés sur le long terme, ce qui en limite l'accessibilité.

Créer une affiche percutante
Voici quelques conseils pour un affichage plus efficace:
- Une affiche doit se faire remarquer et faire passer efficacement le message qu'elle est censée véhiculer.
- Elle doit être placée au-dessus de la ceinture de la rue.
- Le passant n'ayant que quelques secondes pour enregistrer le message, il faut que l'affiche se détache de son environnement – elle doit accrocher le regard.
- Se limiter au visuel simple – à l'instar de la campagne pour iPod, un classique du genre. Au besoin n'utiliser qu'une seule image.
- Veiller à ce que le slogan/argumentaire ne comporte pas plus de sept ou huit mots!
- S'assurer de la bonne lisibilité du texte. Au besoin, employer des lettres capitales en caractères gras. Cela ne peut qu'améliorer la communication. Des polices de caractères comme l'Helvetica, le Franklin Gothic et le Grotesque sont très efficaces.
- Éviter la surcharge. Se limiter autant que possible à une seule ligne de texte.
- Mettre en avant la marque. Ceci est vrai pour n'importe quel type de support: la publicité doit symboliser l'enseigne qu'elle représente – ce qui ne veut pas dire se contenter d'un logo surdimensionné.

À vous de jouer!

Créez une série d'affiches pour des pastilles à la menthe extraforte. Un bonbon soit-disant si puissant qu'il suffit d'en avoir une halène fraîche...

26 Les fondamentaux de la publicité Les différents médias

L'affichage 27

Chaque section s'achève sur un exercice « À vous de jouer! » qui vous permettra de mettre la théorie en pratique et d'affiner vos talents créatifs.

Pour plus de clarté, les informations clés sont présentées sous forme d'encadrés ou de diagrammes.

L'annonceur

Le brief de l'annonceur
Une fois la relation de confiance établie entre client et agence, le travail peut commencer. Chaque projet débute par la présentation d'un « brief » de la part du client. Cette mise au courant peut prendre la forme d'un rapport écrit qui sera ensuite présenté verbalement à l'agence. Le brief doit énoncer clairement les objectifs de la campagne, en présentant une analyse rigoureuse du statut de la marque et sa place sur le marché par rapport à ses concurrents. Il doit fournir le plus d'informations et d'indications possible à l'agence pour l'aider à trouver les meilleures solutions.

Structurer le brief
Récemment, le British Institute of Practitioners in Advertising a publié un guide pratique à l'usage des groupes industriels (The Client Brief, 2003, IPA, Londres). Ce guide comprend une liste de tous les éléments à communiquer à l'agence.

La plupart des campagnes publicitaires sont organisées par des agences travaillant pour le compte de clients – organismes, consortiums, fabricants ou particuliers. Rares sont les annonceurs à vouloir se charger « en interne » de faire leur propre promotion, préférant pour cela s'en remettre aux agences, plus objectives et plus aptes à trouver des idées.

De façon générale, les relations client-agence sont bonnes, même si le client garde entièrement le contrôle du budget. Il arrive que des agences craignant des restrictions budgétaires soient amenées à valider des choix stratégiques qui ne leur conviennent pas, simplement pour satisfaire aux exigences d'un annonceur. Dans ces cas-là, les résultats sont bien souvent désastreux et les relations entre les deux parties se trouvent irrémédiablement compromises, l'une et l'autre se rejetant mutuellement la faute. La « peur de l'échec » existe toujours, mais, de nos jours, agences et clients sont plus enclins au travail en équipe. La plupart des gros annonceurs ont appris à faire confiance aux publicitaires et les agences ont à cœur d'impliquer le client dans les phases clés de la mise en œuvre.

Les points clés du brief client
- Quelle est notre position actuelle sur le marché?
- Quelle place visons-nous?
- Qu'allons-nous faire pour y arriver?
- Quelle clientèle voulons-nous cibler?
- Comment saurons-nous si nous avons réussi?
- Détails pratiques
- Approbation

Quelle est notre position actuelle sur le marché?
En premier lieu, le brief doit définir la place de la marque, du produit ou du service en termes de ventes, de parts de marché, de distribution et de comportement du consommateur. Le client doit aussi présenter les faiblesses et les points forts de sa marque/produit/service. Il doit également faire état des craintes vis-à-vis de la concurrence et des opportunités qui n'auraient pas encore été exploitées.

Une étude intégrée de tous ces points permet d'apprécier le positionnement de la marque sur le marché – voir exemple ci-dessous.

Les points forts
Exemples de points forts de la marque sur le marché. On les compare avec ceux des concurrents, par exemple le leader sur le marché.

Faiblesses
Ce sont tous les problèmes auxquels est confrontée la marque. Ce peut être une désaffection du public pour le produit, qu'il trouve passé de mode ou moins performant que celui de la concurrence.

Opportunités
On entend par là la possibilité de vendre le produit à un nouveau public, grâce à un changement de législation, par exemple, comme l'entrée de nouveaux États membres dans l'Union européenne.

Craintes
La crainte peut être l'arrivée sur le marché d'un nouveau concurrent ou un changement de législation imposant des restrictions potentielles, comme l'interdiction de faire de la publicité auprès des mineurs, ou des problèmes de santé publique, comme la grippe aviaire.

70 Les fondamentaux de la publicité Planning et stratégie d'une campagne publicitaire

L'annonceur 71

Introduction

THE END OF THE QUESTION MARK. Text any question to 63336 and have the answer within minutes.

Pour écrire ce livre nous avons appliqué l'un des grands principes de la publicité : « rester simples », en veillant à ce que la langue soit accessible à tous et en évitant au maximum le jargon technique. Ce manuel contient des exemples de réalisations de créateurs de talent contemporains et passés qui, nous l'espérons, stimuleront la créativité des lecteurs.

Cet ouvrage vise avant tout à donner un aperçu des moyens mis en œuvre dans le cadre d'une campagne publicitaire. Les différentes techniques et approches employées par les agences de communication modernes y sont abordées. Une importance toute particulière est accordée aux équipes créatives : quels sont leur rôle et leur influence sur l'évolution de la publicité ? Des exemples pertinents et des commentaires de professionnels accompagnent le texte.

À la fin de certaines sections nous avons inclus des exercices qui permettront aux lecteurs de mettre en pratique les informations recueillies au fil du texte, et d'élaborer ainsi un portfolio digne d'un vrai professionnel.

Avant toute chose, il nous a paru essentiel d'aborder les bases : la structure interne et le mode de fonctionnement des agences proposant un ensemble complet de services, d'applications et de solutions à leur clientèle.

Nombreux sont les annonceurs qui confient l'entière réalisation d'une campagne publicitaire à une seule agence. Cela présente l'avantage de faciliter la communication en minimisant les risques de malentendus. D'autres privilégient au contraire la flexibilité. En faisant appel à plusieurs agences, ils ont toute latitude pour choisir tel ou tel spécialiste en fonction de son potentiel de créativité, son expérience ou son profil. Certaines agences sont spécialisées dans le marketing, les ventes promotionnelles et le *sponsoring*, d'autres dans le *business-to-business*, la communication corporate, les produits pharmaceutiques et le recrutement.

Le développement de concept est une spécialisation à part entière, comme en témoigne le nombre croissant de studios ou *hot shops*. Petites structures très performantes en termes de créativité, elles sont capables de répondre rapidement à la demande, contrairement aux grosses agences dont l'infrastructure complexe entraîne bien souvent des lourdeurs administratives. À la tête de ces petites entreprises on trouve

généralement des directeurs artistiques issus de grosses agences qui souhaitent se consacrer exclusivement au développement de concept. On fait appel aux *hot shops* pour leur côté novateur et atypique. Elles présentent en outre l'avantage de pouvoir traiter directement avec le client sans avoir à passer par des intermédiaires.

Au cours des dix dernières années, des agences de la nouvelle génération, comme Mother ou St Lukes, ont évolué vers un mode d'organisation égalitaire. Chez St Lukes, il n'y a pas de hiérarchie, tous les membres du personnel sont des associés. Le collectif n'avait que deux ans d'existence quand il a été élu agence de l'année du Royaume-Uni. Son site Internet donne un aperçu de la philosophie qui règne entre ses murs :

« Nous formons des équipes pluridisciplinaires. Notre système de fonctionnement, nos procédés et notre environnement ont été configurés de sorte à placer la créativité et les intérêts de l'annonceur au cœur de l'entreprise. »

Chez St Lukes, le client est choyé. Chaque marque dispose d'une salle attitrée : conçue comme un véritable QG de campagne, aucun détail de décoration ou de mobilier n'est laissé au hasard, afin de répondre au plus près aux besoins spécifiques de chaque annonceur.

Privilégier l'aspect créatif de la communication, explorer les pratiques, les modes d'organisation, les supports et applications, comparer les approches traditionnelles et contemporaines de la publicité, tel est l'objectif de ce livre.

Illustrations (page ci-contre et ci-dessus)

Pour illustrer le texte, nous avons reproduit ici un large éventail de publicités et de concepts créatifs qui, nous l'espérons, vous inspireront.

Pour les crédits photographiques, voir les pages 125 et 139.

La structure de l'agence

Si le nombre de petits studios est en constante augmentation, les agences de communication traditionnelles continuent de produire d'excellents concepts. Elles sont généralement organisées en cinq sections ou services différents.

Le service commercial

Le directeur de clientèle joue le rôle d'interface permanente entre l'agence et le client. Une fois les grandes lignes de la campagne arrêtées, l'équipe commerciale va en superviser, administrer et coordonner les différentes étapes en collaboration avec les membres des autres services. C'est également au service commercial qu'il échoit de trouver de nouveaux contrats et d'organiser des « pitches » (séances de présentation des nouveaux projets).

Le chargé d'études

Mettre sur pied une campagne publicitaire suppose de bien connaître le profil des consommateurs, leurs habitudes et leurs affinités éventuelles avec telle ou telle marque. Comprendre les attitudes, les besoins et les attentes du public est essentiel pour définir une stratégie efficace. C'est pourquoi on réalise une étude de marché par le biais notamment de groupes de discussion, de sondages, etc. Le chargé d'études et le directeur artistique travaillent en étroite collaboration sur le développement du concept.

Le média planneur

Chargé de gérer au mieux le budget médias, il cherche les supports les mieux adaptés (et les plus rentables) pour faire passer le message publicitaire auprès de la cible. Il peut faire preuve d'une grande créativité. Sans cesse à l'affût de nouveaux supports médiatiques, il négocie les meilleures heures de passage à l'antenne et les meilleurs espaces publicitaires pour une rentabilité maximale. Il est donc quotidiennement en relation avec la presse écrite, la télévision et la radio.

Le directeur artistique

Les équipes artistiques travaillent ensemble, sous la supervision d'un directeur artistique. Les concepteurs doivent imaginer des images, concepts et slogans publicitaires à partir d'une ébauche fournie par l'équipe commerciale. En théorie, cette équipe est censée comprendre un directeur artistique et un concepteur-rédacteur, mais en réalité la division du travail se fait de façon plus floue – le directeur artistique est tout aussi à même d'imaginer un slogan que le rédacteur une image ! Une fois le plan de campagne approuvé par l'annonceur, l'équipe artistique poursuit sa tâche jusqu'à l'exécution finale du projet.

Le service fabrication

Une fois le concept approuvé, c'est le service fabrication qui a pour mission de le concrétiser. Le chef de fabrication travaille en étroite relation avec le directeur artistique. Il doit s'assurer que sa réalisation est bien conforme aux attentes des concepteurs et de l'annonceur. Le chef de fabrication fait fréquemment appel à des intermédiaires (compagnies de production audiovisuelle, imprimeurs spécialisés). Son rôle consiste à trouver les meilleurs intervenants en fonction du type de travail requis et au meilleur prix. Cela suppose parfois de collaborer avec les équipes commerciales de l'annonceur, qui peuvent lui soumettre une liste de prestataires de services avec lesquels ils ont l'habitude de travailler. Dans ce service, la pression est constante, car les délais sont souvent très serrés. Quand la date limite n'est pas respectée, c'est le chef de fabrication qui est mis en cause.

Dans un monde en perpétuel changement du fait de l'évolution rapide des technologies, la seule constante est sans doute la créativité et les individus capables d'innover. La capacité à trouver des idées originales et persuasives est, et restera, au cœur de toute bonne campagne publicitaire.

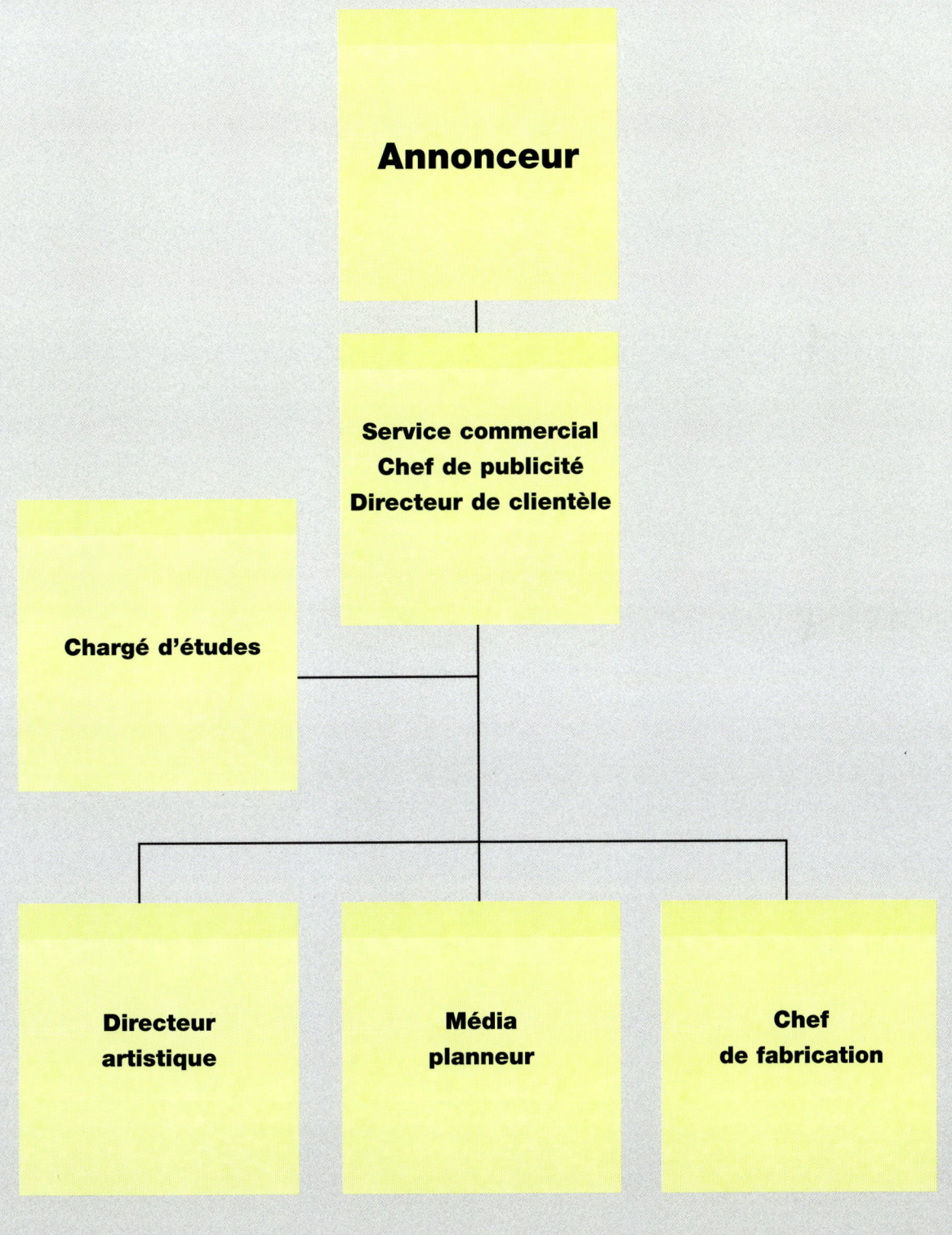

LES DIFFÉRENTS MÉDIAS

L'affichage

Dans les années 1970, les grands noms de la publicité britannique comme Collett, Dickenson et Pearce (CDP) ont contribué à généraliser l'affichage grand format. Des affiches primées comme celle des saucisses Walls ou des stylos Parker, ont donné un second souffle à l'affichage extérieur qui pâtissait depuis vingt ans de la concurrence de la publicité audiovisuelle. Le succès de ces affiches tient à la fois à la simplicité du slogan et du message visuel. Avec l'affichage quelques secondes suffisent pour faire passer le message publicitaire auprès d'une foule de passants. Pour cette raison, l'équipe artistique qui conçoit l'affiche doit associer une formule courte, percutante ou drôle à une image accrocheuse.

L'affichage est une véritable mine pour les annonceurs. D'une grande visibilité, c'est un support très compétitif. L'affichage dit « extérieur » s'adapte à toute sorte d'environnement et peut revêtir des formes et des tailles très variées, au point que l'affiche fait désormais partie intégrante du paysage urbain. Contrairement à d'autres médias comme la télévision ou la presse, l'affichage n'a besoin que de la rue pour exister – des tracts publicitaires de la taille de mouchoirs de poche y côtoient de gigantesques affiches de plusieurs mètres de haut.

Depuis que les lithographies colorées d'un Chéret ou d'un Toulouse-Lautrec ont fait leur apparition dans les rues de Paris, à la fin du XIXe siècle, l'affichage s'est imposé comme un média publicitaire incontournable. Les savons Pears et plus tard les bières Guinness ont perpétué la tradition en créant, chacun à sa manière, des affiches qui ont traversé les époques. John Gilroy, publiciste des années 1930 aux années 1950, est l'auteur de slogans comme « Guinness for Strength », « It's a Lovely Day for a Guinness » ou « My Goodness – My Guinness ». Ses œuvres à la facture originale mettent en scène des animaux comme le kangourou, l'autruche, l'otarie, le lion et le fameux toucan, devenu tout aussi emblématique de la marque Guinness que la harpe. Le pouvoir de persuasion de l'affiche, sa capacité à toucher un public large grâce à un langage accessible à tous, sont demeurés intacts depuis son invention.

Would you be more careful if it was you that got pregnant?

Anyone married or single can get advice on contraception from the Family Planning Association Margaret Pyke House, 27-35 Mortimer Street, London W1 N 8BQ. Tel. 01-636 9135.

The Health Education Council

"I'm meaty. Fry me."

A new taste from *Walls*

Homme enceint (ci-contre)
L'association des mots et de l'image forme un message simple et direct.

Annonceur : ministère de la Santé et de l'Éducation (RU) / Agence : Saatchi & Saatchi / Directeur artistique : Bill Atherton / Rédacteur : Jeremy Sinclair / Photographe : Alan Brooking.
Droits de reproduction : Click-Use Licence

« I'm meaty. Fry me. »
(Je suis plein de viande, faites-moi frire ; ci-dessus)
Célèbre affiche anglaise parodiant les publicités de British Airways.

Annonceur : Walls / Agence : CDP / Rédacteur : Terry Lovecock / Directeur artistique : Paul Smith / Photographe : Ed White
(avec l'aimable autorisation de CDP- Travissully)

Roseanne Holland (ci-dessous)
Cette tragique série de photos démontre la force d'images vraies dans une campagne de sensibilisation.

Annonceur : Metropolitan Police / Agence : Miles Calcraft Briginshaw Duffy / Chefs de publicité : Paul Briginshaw et Malcolm Duffy / Directeur artistique et rédacteur : Jeremy Carr

Mouton. Vidéo. (ci-dessus et à gauche)
Cette campagne pour la bière Carling Extra Cold allie efficacement images décalées et humour noir.

Annonceur : Leith London / Agence : Leith London / Directeur artistique : John Messum / Rédacteur : Simon Bere

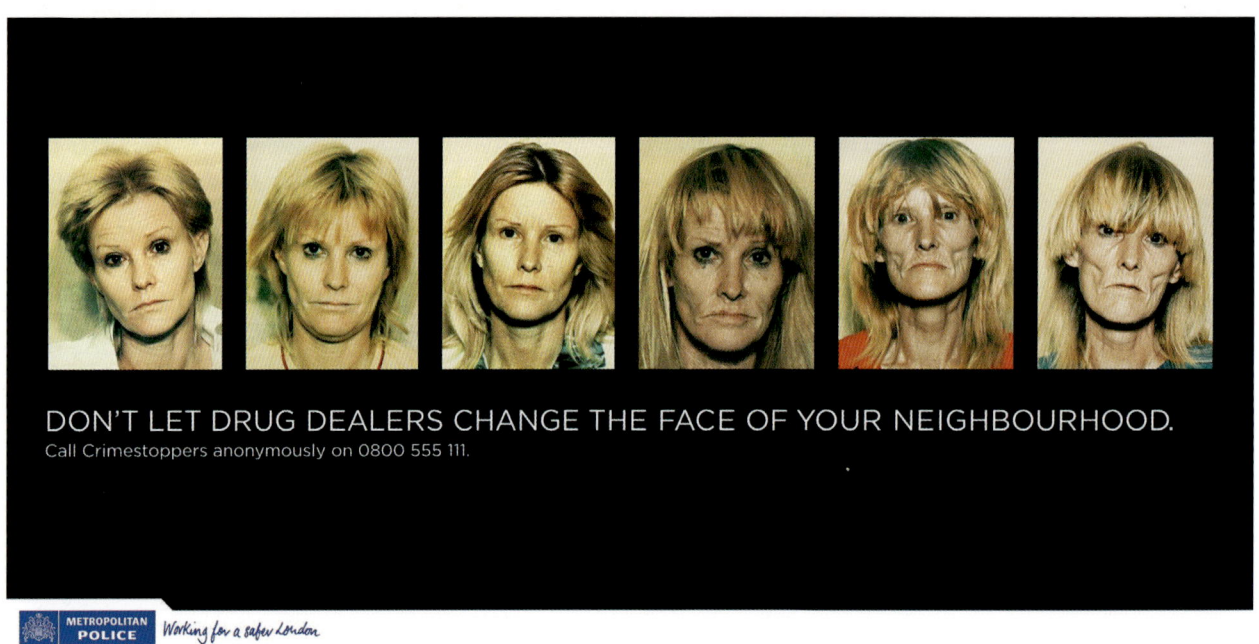

The Economist

La campagne d'affichage de *The Economist* montre comment faire passer un message simple et néanmoins intelligent auprès d'un public averti. La sobriété des lettres blanches sur fond rouge (ci-dessous) conjuguée à un slogan pertinent attire le regard. Dans les campagnes ultérieures (ci-dessus et à droite) les slogans ont été remplacés par des symboles généralement associés à l'intelligence et à la vivacité d'esprit.

Annonceur : *The Economist* / Agence : Abbott Mead Vickers BBDO Limited / Ampoule : Directeur artistique : Paul Belford / Rédacteur : Nigel Roberts Tête : Directeur artistique : Tony Hardcastle / Rédacteur : Mark Tweddell « Would you like to sit next to you at dinner? » (Aimeriez-vous être assis à vos côtés au cours d'un dîner ?) : Directeur artistique : Ron Brown / Rédacteur : David Abbott

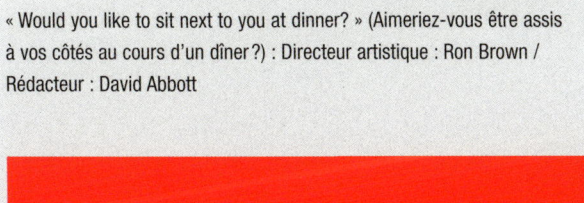

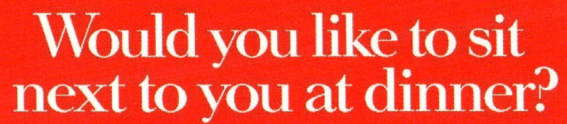

How did it come to this?

Michael Jackson's Face | Sun 29th Sept 9pm | **see five**

If this is what's happening outside, what's going on inside?

Michael Jackson's Face | Sun 29th Sept 9pm | **see five**

Michael Jackson (page ci-contre)

Cette affiche occupait un mur entier de la station de métro Leicester Square, à Londres.

« How did it come to this? » (Comment en est-il arrivé là ?), « If this is what's happening outside, what's going on inside? » (Si tel est l'état de l'extérieur, comment est l'intérieur ?)

Annonceur : Channel five / Agence : TBWA London / Chef de publicité : Trevor Beattie / Directeur artistique : Bill Bungay

Sch… you know who? (ci-dessus)

Les photos de sosies de célébrités réalisées par Alison Jackson utilisées pour cette campagne publicitaire ont été primées.

Annonceur : Schweppes / The Coca Cola Company / Agence : Mother / Chef de publicité : Robert Saville / Directeurs artistiques et rédacteurs : Caroline Pay, Kim Gehrig / Photographe : Alison Jackson

Le bon endroit

Le succès d'une campagne d'affichage ne réside pas uniquement dans la qualité du concept ou sa capacité à interpeller le public. La gestion des espaces publicitaires est elle aussi primordiale. Nombreuses sont les agences à faire appel à des média planneurs, dont le travail consiste à programmer et, le cas échéant, à acheter des supports médiatiques. Le choix de l'emplacement doit aller de pair avec l'esprit du concept. Par exemple, si vous devez promouvoir une nouvelle marque de jus de fuit, où allez-vous placer vos affiches ? Logiquement, à proximité des grandes surfaces, des rues et centres commerciaux, là où elles sont susceptibles de « parler » aux consommateurs qui vont faire leurs emplettes. Colin Stone, média planneur depuis vingt-cinq ans, explique :

« Une gestion astucieuse des emplacements publicitaires est nécessaire quand on vise des groupes importants d'usagers. Pour les hommes d'affaires, par exemple, on affichera dans les aéroports, les salons réservés aux voyageurs des classes *business*. Pour les jeunes cadres, on visera les clubs de remise en forme. Une bonne connaissance du terrain est indispensable pour sélectionner un emplacement. La plupart des vendeurs vont essayer de vous vendre un lot d'emplacements en vous appâtant avec un prix concurrentiel, mais avec ce genre de pratique on ne peut réellement juger de la qualité des sites qu'une fois la campagne achevée. Il ne faut pas hésiter à faire un travail de prospection en amont et en aval pour s'assurer de la visibilité du message. »

Grand format et sur mesure

Les possibilités d'affichage sont multiples. Il arrive que des annonceurs fassent construire des emplacements, voire des pièces de mobilier urbain spécialement pour une campagne publicitaire (voir la rubrique « Les médias tactiques », p. 28).

Les silhouettes géantes des cow-boys Marlboro se découpant sur les collines de Hollywood, ou les carrosseries de voiture placardées sur des panneaux d'affichage le long des routes, font partie du paysage urbain américain depuis des décennies. L'affichage étant un support médiatique prisé, les annonceurs voient de plus en plus grand. Toute occasion est bonne à prendre – façades d'immeubles ou de parking en construction. Mais cette obsession du « toujours plus grand » peut devenir contre-productive quand elle donne le jour à de vulgaires réclames totalement dépourvues d'imagination ou de charme.

Perfect day (Une journée parfaite ; ci-dessous)

Ce panoramique d'un paysage écossais, affiché dans le hall d'une grande gare ferroviaire, illustre parfaitement son propos.

Annonceur : Visit Scotland / Agence : 1576 / Directeur artistique : Brian McGregor / Rédacteur : Adrian Jeffery / Photographe : Paul Tompkins

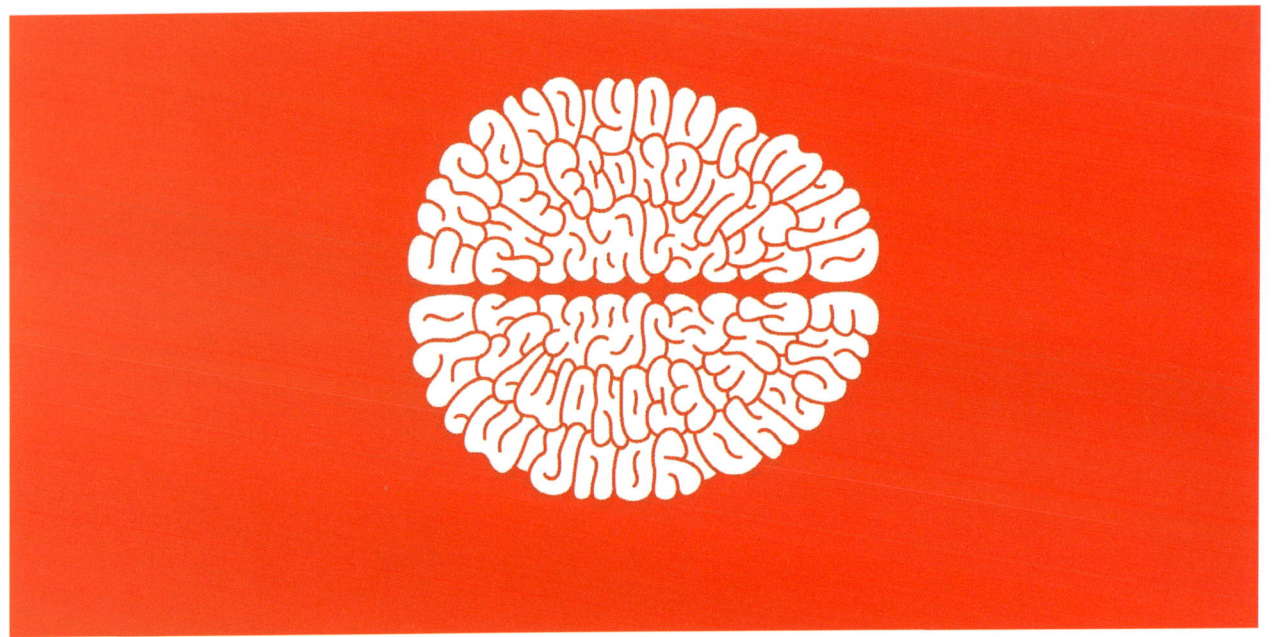

Troupeau de moutons (ci-dessous)

Un concept fort a de beaux jours devant lui, ainsi qu'en témoigne cette publicité qui fonctionne toujours après des années d'existence.

Annonceur : Castlemaine XXXX / Agence : Bartle Bogle Hegarty UK / Producteurs : Dave Robinson et Paul Stacy / Photographe : Simon Stock / Équipe artistique : John O'Keeffe, Jon Fox, Rik Brown

The Economist (ci-dessus)

L'utilisation réussie de symboles a permis à la campagne « Ouvrez-vous l'esprit » du journal *The Economist* de passer à la vitesse supérieure.

Annonceur : *The Economist* / Agence : Abbott Mead Vickers BBDO Limited / Directeur artistique : Paul Belford / Rédacteur : Nigel Roberts / Illustrateur : Paul Belford / Typographe : John Tisdall

Benson & Hedges

Les célèbres affiches de Benson & Hedges apparues à la fin des années 1970 sont conçues comme des puzzles visuels. Cette publicité sans légende pour les cigarettes ne fait au fond rien de plus que nous mettre en garde contre les méfaits du tabac.

Annonceur : Benson & Hedges
Agence : CDP / Équipe artistique :
Mike Cozens et Alan Waldie /
Photographe : Brian Duffy
(avec l'aimable autorisation
de CDP- Travissully)

Les transports publics

L'affichage extérieur s'adapte en fonction des situations. Face à un public « captif » – qui attend ou se trouve dans le bus, le métro, un train ou un taxi – l'annonceur peut faire passer un message plus élaboré.

Selon une enquête menée par Viacom Outdoor, un leader dans la vente d'espaces publicitaires, le temps d'attente moyen sur le quai du métro londonien est de trois minutes. Grâce à des affiches géantes aux images et aux slogans spirituels, les annonceurs vont pouvoir divertir les usagers tout en leur laissant le temps de lire le descriptif du produit ou du service proposé. Ces affiches peuvent prendre la forme de puzzles ou de devinettes créant une interaction avec le consommateur potentiel.

Le concepteur pourra également jouer du contexte ou de l'expérience propre aux transports en commun. En apposant des reproductions de paysages à l'intérieur des wagons, par exemple, ou sur les escalators. Un peu partout en Europe, le tramway a conquis les centres-villes. L'affichage intérieur et extérieur des tramways est très prisé par les annonceurs.

L'affichage dans le train permet de toucher un public très large, à la fois de banlieusards aisés se rendant au travail et de touristes qui prennent le temps d'explorer leur environnement. L'affichage dans les gares de chemins de fer permet de cibler une clientèle précise, en route

pour un salon commercial ou une exposition. Tenir compte du calendrier des événements ayant un lien avec les marques que l'on souhaite promouvoir est indispensable. Ainsi, pour un fabriquant de bonbons ou un fleuriste, un jour comme la fête des Mères est une occasion en or.

Les annonceurs ont compris depuis longtemps que les bus étaient un vecteur de choix pour qui veut faire passer des messages publicitaires simples ou faire connaître de nouveaux points de vente aux usagers. Le public généralement visé est celui des consommateurs en route pour faire des achats. De la même façon, l'affichage placé à l'arrière des bus permet de toucher un public d'automobilistes – les offres d'assurance automobile ou de dépannage y trouvent tout naturellement leur place. Les bus offrent aux concepteurs une mine d'occasions d'exercer leur créativité. Certains sont même allés jusqu'à décorer entièrement le bus.

Notes and queries (Remarques et questions ; ci-dessus).
Traffic jam (Embouteillage ; ci-contre).

Les bus, de part leur mobilité, offrent aux annonceurs la possibilité
de délivrer leur message d'un bout à l'autre de la ville.

Remarques et questions : Annonceur : *The Guardian* / Agence : DBB /
Directeur artistique : Nick Allsop / Rédacteur : Simon Veksner /
Typographe : Peter Mould
Embouteillage : Annonceur : The Automoblie Association / Agence : M&C
Saatchi / Directeur artistique : Simon Dicketts / Typographie : Rob Wilson

Meet today's underground filmmakers
(Venez à la rencontre des réalisateurs qui sont aujourd'hui
à l'honneur dans le métro ; à gauche)

Channel 4 a lancé une campagne publicitaire réellement innovante pour
promouvoir sa chaîne documentaire haut-débit FourDocs. Des bornes mises
à disposition des usagers dans les gares et les halls de cinéma, leur
permettent de télécharger de courts documentaires directement sur leur
téléphone portable grâce à la technologie Bluetooth. Cette campagne est
inédite et ambitieuse, à l'image de son annonceur.

Annonceur : Channel 4 / Concept : Tracy Blacher et Steve Forde, Channel 4
Marketing / Équipe artistique : Florian Schmitt, Hi-Res!, Jane Smillie,
4Creative / Média planneur : Lindsay Green, consultante, Jonny Mackay,
OMD (Courtesy Viacom Outdoor et photographe Rosie Mayell)

Tee-shirt de bus
Cette affiche singulière réalisée pour Daz utilise l'espace de façon créative.

Annonceur : Procter & Gamble / Agence : Leo Burnett / Directeurs artistiques et rédacteurs : Clark Edwards et Nick Pringle

The Economist
Pourquoi ne pas se servir du toit d'un bus ? De nos jours, n'importe quel espace urbain est bon à prendre pour promouvoir un produit ou une marque. Ici, le journal *The Economist* dit « Bonjour » à tous ses lecteurs occupant des bureaux élevés !

Annonceur : *The Economist* / Agence : Abbott Mead Vickers BBDO Ltd. / Équipe artistique : Malcolm Duffy et Paul Briginshaw

Avantages du support

- Dès l'instant qu'il s'adapte à toutes les dimensions et formes de support, l'affichage permet aux concepteurs de déployer des trésors d'inventivité.
- Il peut-être tridimensionnel, ce qui élargit d'autant plus le champ de la créativité.
- Le public va passer devant l'espace et lire le message plusieurs fois par jour.
- Les espaces publicitaires peuvent être achetés à proximité du point de vente du produit.
- L'affichage permet à une marque de capter l'attention du public sur le long terme.
- Flexibilité du temps d'affichage : la location des espaces publicitaires individuels ou en lots peut aller de deux semaines à un an, et les affiches peuvent être renouvelées chaque mois.
- Flexibilité régionale : la location des espaces publicitaires peut se faire à l'intérieur du champ d'émission d'une chaîne de télévision donnée, au sein des conurbations, villes petites et moyennes, ou d'environnements ciblés (voire sous les fenêtres d'un concurrent !).

Inconvénients du support

- Il peut être la cible de vandalisme et de graffitis.
- La période d'affichage, parfois primordiale pour les annonceurs, peut être aléatoire.
- La location de l'emplacement peut s'avérer onéreuse.
- Avec l'affichage, il est moins facile de toucher un public national comparativement à d'autres supports comme les grands quotidiens ou les magazines.
- Les meilleurs sites sont parfois occupés sur le long terme, ce qui en limite l'accessibilité.

Créer une affiche percutante

Voici quelques conseils pour un affichage plus efficace :

- Une affiche doit se faire remarquer et faire passer efficacement le message qu'elle est censée véhiculer.
- Elle doit être placée au-dessus de la cohue de la rue.
- Le passant n'ayant que quelques secondes pour enregistrer le message, il faut que l'affiche se détache de son environnement – elle doit accrocher le regard.
- Se limiter à un visuel simple – à l'instar de la campagne pour iPod, un classique du genre. Au besoin n'utiliser qu'une seule image.
- Veiller à ce que le slogan/argumentaire ne comporte pas plus de sept ou huit mots !
- S'assurer de la bonne lisibilité du texte. Au besoin, employer des lettres capitales en caractères gras. Cela ne peut qu'améliorer la communication. Des polices de caractères comme l'Helvetica, le Franklin Gothic et le Grotesque sont très efficaces.
- Éviter la surcharge. Se limiter autant que possible à une seule ligne de texte.
- Mettre en avant la marque. Ceci est vrai pour n'importe quel type de support : la publicité doit symboliser l'enseigne qu'elle représente – ce qui ne veut pas dire se contenter d'un logo surdimensionné.

À vous de jouer !

Créez une série d'affiches pour des pastilles à la menthe extra-forte. Ces bonbons sont censés vous donner « la confiance qui va avec une haleine fraîche ». Rappelez-vous que l'environnement de l'affichage peut avoir une influence. Les usagers du métro sont généralement conscients de leurs odeurs corporelles, jouez là-dessus.

Pour trouver des idées, commencez par faire une liste de mots ou phrases associés avec les trajets en métro – zones, noms de lignes, « attention à la fermeture des portes », etc. Vous allez être étonné du nombre d'idées qui vont vous venir à l'esprit ! Refaites ensuite la même chose, mais en adoptant un point de vue différent – « les wagons sont bondés, on ne peut pas respirer », « attention vous m'écrasez les pieds », « oh, cette odeur d'ail », etc. Souvenez-vous que vous vous adressez à des gens qui ont le temps de lire votre message – vous pourriez peut-être envisager de leur raconter une petite histoire.

Les médias tactiques

Les médias tactiques sont un phénomène relativement nouveau. Il s'agit d'une démarche publicitaire en phase avec l'environnement de la cible visée. Les médias tactiques se situent à la frontière de la publicité et du coup médiatique et sont, le plus souvent, peu onéreux. À une époque où le consommateur a tendance à se méfier des « prix cassés » et du matraquage publicitaire, ce type d'approche inattendue peut s'avérer très efficace dans la mesure où elle permet de faire passer le message sans en avoir l'air. Les meilleures campagnes de médias tactiques placent la communication au premier plan, de façon souvent insolite et pertinente.

Toutes sortes d'objets, d'articles et d'appareils, tels que dessous de verre, sacs de shopping, tickets de train ou de bus, écrans vidéo, poubelles, revêtements de sol et dallage, gobelets de boissons à emporter, tickets de caisse, chariots de supermarché, cendriers, peuvent tomber dans le domaine des médias tactiques. Les annonceurs, constamment à la recherche de nouvelles formes de communication, trouvent dans les médias tactiques une mine de supports inhabituels et décalés.

Automobile de glace
Réplique exacte de la Polo Twist, cette voiture entièrement sculptée dans la glace est exhibée dans une artère passante de Londres. Une idée originale et accrocheuse pour promouvoir l'équipement en air conditionné de la voiture exposée.

Annonceur : Volkswagen UK / Agence : DDB London / Directeurs artistiques : Gavin Siakimotu et Graeme Hall / Rédacteurs : Graeme Hall et Gavin Siakimotu / Chefs de publicité : Jeremy Craigen et Ewan Paterson (Courtesy D&AD Global Awards (Médias tactiques : médaille d'argent, 2005))

Arrêt de bus et scène de crime « femmes battues »

Des médias tactiques comme ceux-ci ont prouvé leur efficacité auprès d'un public de donateurs. Ils permettent également une sensibilisation du public.

Annonceur : Womankind / Agence : Rainey Kelly Campbell Roalfe/Y&R / Directeur artistique : Jerry Hollens / Rédacteur : Mike Boles

**Try an easier way in (Tentez une percée plus simple ;
page ci-contre et ci-dessous)**

Cette campagne d'une semaine visait à attirer l'attention des cadres
financiers de la City sur les possibilités de carrière au sein de la Royal Bank
of Scotland, en les invitant à consulter ses offres d'emploi en ligne.

Annonceur : The Royal Bank of Scotland Group / Agence : TMP Worldwide /
Chefs de publicité : Giles Ecott et Roger Cayless / Équipe artistique : Ricky
Nordson et Richard Nott

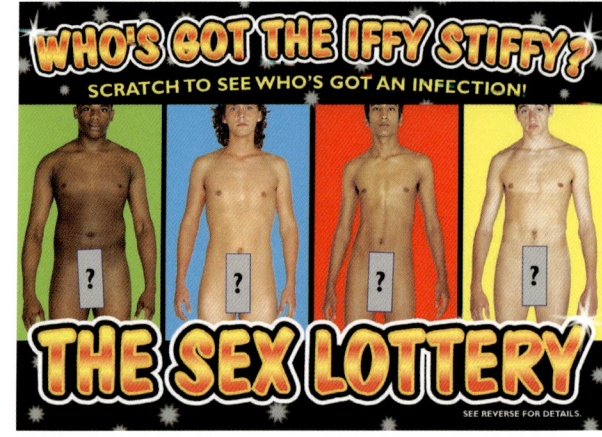

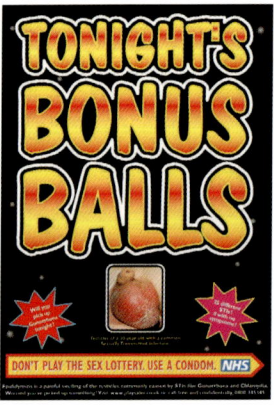

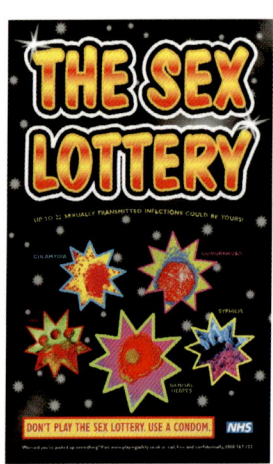

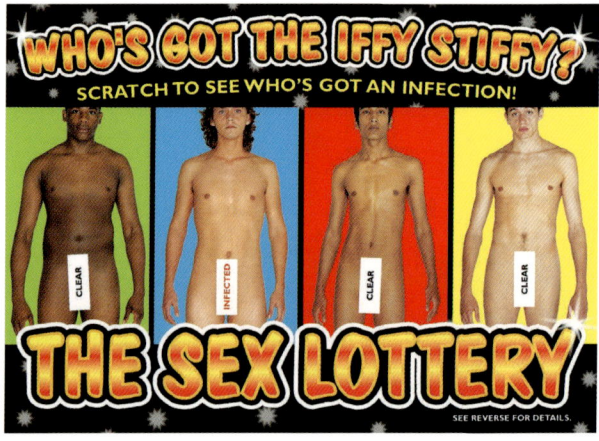

La loterie du sexe

Afin de sensibiliser le public au risque des MST, Delaney Lund Knox
Warren & Partners ont imaginé une campagne tactique à l'image des
« jeux de grattage ». Des cartes ont été distribuées dans les discothèques,
bars et autres lieux accueillant un public jeune qui, lorsqu'il grattait
celles-ci, découvrait quelles maladies sexuellement transmissibles
il risquait d'attraper. Le slogan de la campagne était : « Ne jouez
pas à la loterie du sexe, utilisez un préservatif. »

Annonceur : Départment santé/COI (RU) / Agence : Delaney Lund Knox
Warren & Partners / Directeur artistique : Ken Sara / Rédacteur : Jon Elsom

Étiquetage des arbres (page ci-contre)

Cette campagne pour le pépiniériste Glenbrook Bonsai manie tout à la fois
l'humour, l'ironie et le pastiche en accrochant des étiquettes géantes à des
troncs d'arbres de taille normale.

Annonceur : Glenbrook Bonsai Nursery / Agence : McCann-Erickson Bristol /
Chef de publicité : David Woolway / Directeur artistique et rédacteur :
Stuart Richings / Typographe : Chris Wigmore

L'expansion des ces médias

Les médias tactiques offrent aux annonceurs une alternative à la publicité traditionnelle souvent plus chère et délaissée par les consommateurs blasés. Le potentiel des médias tactiques utilisés dans le cadre d'une campagne multimédia plus vaste est reconnu par les grandes enseignes internationales, et toutes les études réalisées s'accordent à dire que, de tous les supports, c'est celui qui se développe le plus vite.

Parmi les premiers exemples de médias tactiques citons les dessous de verre dans les bars. L'utilisation de ces objets familiers à des fins publicitaires était une nouveauté pour les consommateurs de l'époque. Ces médias tactiques pionniers sont devenus si courants de nos jours que « l'effet de surprise » a perdu de sa force. Les annonceurs étant constamment à la recherche de nouveaux supports inédits, des solutions originales et pleines d'imagination ont vu le jour. Ainsi, DARG, une association pour la protection des animaux basée à l'extérieur de Cape Town, en Afrique du Sud, a réussi à persuader tous les laboratoires de développement photo express d'insérer, parmi les photos que les clients venaient récupérer au magasin, des photos de chiens que la DARG cherchait à placer. Celles-ci étaient imprimées au même format que les photos du client et portaient au verso

la mention : « On dirait qu'il fait déjà partie de la famille », ainsi que les coordonnées de l'association.

La vraie force des médias tactiques vient du fait qu'ils prennent les consommateurs par surprise. Ils présentent un message publicitaire là où les usagers s'y attendent le moins. De cette façon, le message est non seulement difficile à éviter, mais également plus marquant. Le choix du lieu est primordial – la plupart des campagnes de ce type se servent ou interagissent avec leur environnement immédiat, au point que l'environnement lui-même devient partie intégrante du message publicitaire. Les bars, les clubs et les parcs de loisirs constituent des sites de choix, car ils permettent de piéger le consommateur à un moment où il baisse la garde.

Nous sommes nous-mêmes devenus des vecteurs de messages publicitaires, par le biais des marques et des logos que nous portons sur nos vêtements et accessoires. Certaines agences commencent même à faire appel à des mannequins vivants pour promouvoir leurs marques – crânes rasés, ventres, bras et jambes nus offrent une foule de possibilités aux annonceurs désireux de trouver de nouveaux moyens d'attirer l'attention du public sur leurs messages publicitaires.

Piercing

Les médias tactiques sont souvent opportunistes. Dans cette campagne pour Oslo Piercing Clinic, des objets saillants de la façade d'immeubles proches de la clinique sont intégrés à l'affiche elle-même.

Annonceur : Oslo Piercing Studio / Agence : Leo Burnett Oslo / Chef de publicité et directeur artistique : Erik Heisholt / Rédacteurs : Erik Heisholt, Marianne Heckmann, Per Erik Jarl

ForeheADS (Jeu de mots entre les termes « forehead » et « ads », qui signifient respectivement « front » et « publicité » ; ci-contre)

L'agence Cunning Stunts a formé un réseau d'étudiants arborant des décalcomanies en forme de logos ou de slogans sur le front.

Agence : Cunning Stunts

FIND A LICENSED MINICAB ANYWHERE
IN THE UK FROM YOUR MOBILE OR PC

SIMPLY text "taxi" followed by a space and the.................
postcode you are travelling from e.g. "taxi SW11" to.................
60040......and for 50p ....
we'll text back the numbers of 3 local.................
licensed cab operators ....
Or do it online at ....**cabnumbers.com**

PO Box 42925, London SW12 0XE

BE SAFE & ALWAYS CARRY THIS CARD WITH YOU

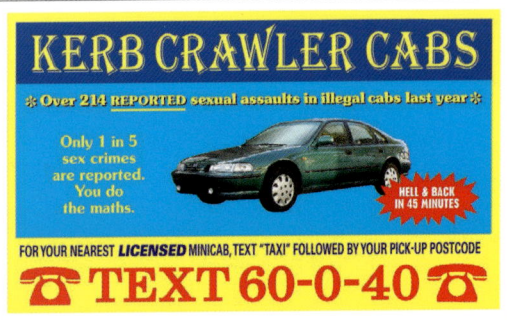

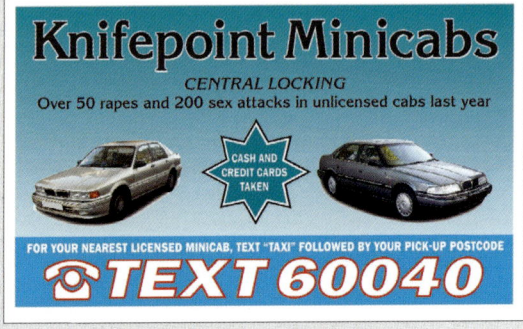

Cartes de taxis

Ces cartes, distribuées dans certains quartiers de Londres, visent à mettre les usagers en garde contre les « faux taxis ». Là encore, l'annonceur a recours au pastiche pour créer un effet de surprise. Les légendes chocs renforcent l'image et aident à mieux faire passer le message.

Annonceur : cardnumbers.com / Agence : M&C Saatchi / Directeurs artistiques et rédacteurs : Tom Spicer et Sergio Martin / Typographe : Simon Warden

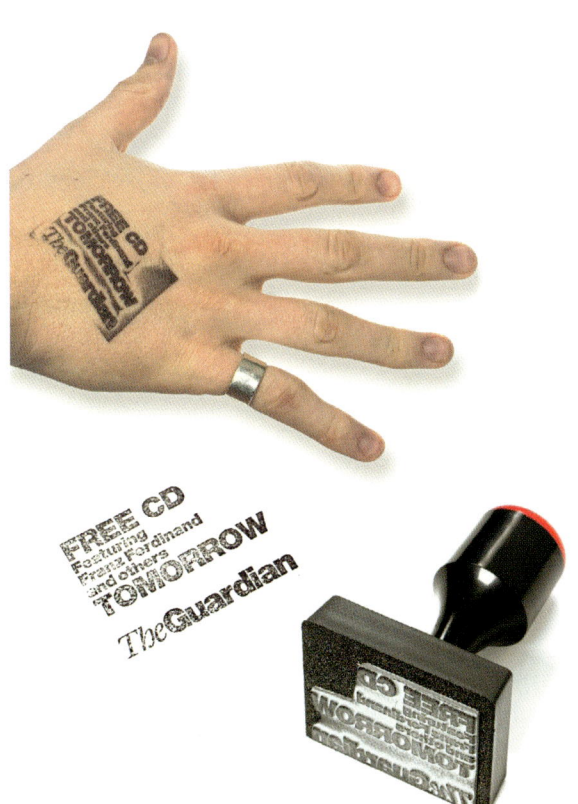

Tampon (à gauche)

50 tampons comme ceux utilisés à l'entrée des concerts ont été créés pour promouvoir l'offre spéciale « un CD offert » du journal *The Guardian*. Ceux qui avaient été « tamponnés » le vendredi soir se sont réveillés le samedi matin avec le message toujours lisible sur la main.

Annonceur : *The Guardian* / Agence : Claydon Heeley / Chefs de publicité : Dave Woods et Pete Harle / Directeur artistique : Nick Thompson / Rédacteur : Josh Haines

Remorque MPV (à droite)

Une Renault Espace MPV a tiré cette remorque publicitaire dans les rues de Londres pour démontrer sa puissance de tractage.

Annonceur : Renault / Agence : Publicis UK / Directeur artistique : Cameron Blackley / Rédacteur : Andrew Petch / Photographe : Julian Wolkenstein / Directeur de la production : Steve McFarlane

La guérilla marketing

La « guérilla marketing » est une campagne de publicité employant des moyens inhabituels pour créer l'événement ou susciter des débats.

Les supports employés font généralement partie intégrante de l'environnement. Comme son nom l'indique, la guérilla marketing prend le public « en embuscade ». La nature du message véhiculé est souvent cachée ou déguisée. La plupart du temps, les gens ignorent qu'ils ont affaire à une campagne publicitaire, mais lorsqu'ils en prennent conscience, le message a déjà été mémorisé. Ce genre de tactique employée en marge d'une campagne de publicité traditionnelle permet d'en accroître l'impact et l'efficacité.

La guérilla marketing peut combiner diverses tactiques, telles que flyers, stickers, supports improvisés, slogans publicitaires ou happenings. Ainsi, pour l'inauguration du Hard Rock Hotel de Chicago, la campagne a consisté à éparpiller des mannequins en peignoirs de bain dans les rues adjacentes à l'hôtel. Les filles, censées s'être perdues après une soirée bien arrosée, devaient demander leur chemin aux passants.

Le marketing « viral » est un dérivé de la guérilla marketing qui consiste notamment à envoyer des messages de personne-à-personne par e-mail (voir « La publicité en ligne », p. 64).

Affiches « art-ilisers »

Britart.com a fait appel à l'agence Mother pour se faire connaître comme la plus grande galerie d'art en ligne. S'éloignant des stratégies employées habituellement par les galeries d'art, Mother a imaginé une campagne baptisée « art-ilisers » : étiquettes pastiches conçues sur le modèle de celles utilisées pour décrire des œuvres d'art. Imprimés en très grands nombres, ces flyers ont été ensuite apposés sur des pièces de mobilier urbain. Dans un second temps, les concepteurs ont créé des art-ilisers de bureau apposés sur les objets usuels que l'on trouve dans les bureaux, et enfin, dans le même esprit, des art-ilisers pour la maison.

Annonceur : Britart.com / Agence : Mother/ Directeurs artistiques et rédacteurs : Cecilia Dufils, Markus Bjurman, Kim Gehrig et Joe de Souza

Avantages du support

- Les médias tactiques prennent le public par surprise et permettent ainsi de faire passer le message avant que celui-ci ne soit identifié en tant que publicité.
- Ils tendent à engendrer des modes et à faire parler d'eux.
- Ils font parler d'eux dans les journaux, à la télévision ou à la radio.
- Les médias tactiques sont souvent plus percutants et innovants dans leur façon de se présenter. Ils se remarquent davantage.
- L'utilisation d'un support inaccoutumé marque davantage le public.
- Ils sont relativement bon marché, comparativement à d'autres types de supports publicitaires.

Inconvénients du support

- Beaucoup de ces campagnes ne sont que des « coups de pub » isolés et éphémères, trop courts pour marquer durablement les esprits.
- Elles suscitent la controverse, voire, dans les cas extrêmes, des plaintes de la part du public.
- La couverture médiatique est limitée. Tous ces médias tactiques ne sont pas aisément transportables, ce qui empêche leur diffusion à grande échelle et contraint l'annonceur à s'en remettre aux journaux, à la radio et à la télévision pour pouvoir toucher un public plus large.
- Les médias tactiques ne sont pas toujours « en phase » avec le style de l'annonceur ou sa campagne de publicité habituelle.

À vous de jouer !

Employez des médias tactiques pour essayer de vous vendre – vous faire engager par une agence de pub, par exemple ! Pour arriver à vos fins, vous allez devoir vous hisser au-dessus de la mêlée. Un portfolio plein de bonnes idées et une forte personnalité sont des atouts majeurs, mais il se peut que vous ayez besoin d'un petit plus pour vous aider à franchir ce pas.

Créez une campagne tactique pour promouvoir vos talents et votre savoir-faire. Celle-ci aura plus d'impact qu'un simple CV accompagné d'une lettre de motivation.

Qui voulez-vous cibler ? À quel endroit ? Comment pouvez-vous prendre votre cible par surprise ? Après avoir recensé tous les sites extérieurs et intérieurs susceptibles de convenir, cherchez quels éléments urbains ou autres vous pourriez utiliser comme supports.

Journaux et magazines

Journaux et magazines offrent aux créatifs une foule d'occasions d'exercer leurs talents. Là encore, l'équipe artistique va devoir accrocher l'œil du public et le convaincre de lire son annonce – sinon, le lecteur va tourner la page et son regard sera attiré ailleurs. Traditionnellement, c'est le mélange d'image et de texte (slogan, argumentaire et nom de la marque) qui différencie l'annonce-presse de l'affiche. De plus, on s'adresse à un lecteur installé chez lui, dans le bus ou le train, et non pas à une personne en train de filer au bureau ou au supermarché.

Décryptage d'une annonce-presse

Décryptage d'une annonce-presse

Bien qu'il n'y ait pas de formule toute faite pour créer une publicité réussie, les concepteurs ont généralement recours à un slogan accrocheur complété d'un visuel lui aussi destiné à attirer l'attention du lecteur afin de l'amener à lire l'argumentaire. Le rédacteur peut donner à son titre un ton informatif ou trivial, ou même imaginer une intrigue. L'argumentaire va lui servir à présenter le produit ou la marque qu'il souhaite promouvoir. Viennent ensuite le logo, le slogan et les coordonnées de l'annonceur (voir la rubrique « La rédaction », p. 106).

David Abbot, rédacteur et co-auteur de *The Copywriter's Bible*, est passé maître dans l'art d'imaginer des titres en forme d'intrigues qui incitent le lecteur à poursuivre sa lecture pour chercher la réponse dans l'argumentaire. Durant les années 1980, en collaboration avec Ron Brown, son directeur artistique, il a conçu une campagne pour les magasins Sainsbury. Récompensées par le prix D&AD, ses publicités raffinées à l'extrême reflétaient parfaitement l'attachement de l'enseigne pour les produits de qualité.

Néanmoins, à partir des années 1990, la publicité des journaux et magazines a pris un nouveau tournant pour tenter de casser le stéréotype de l'annonce-presse. Un nouveau concept a vu le jour, dans lequel les publicités adoptaient une mise en page plus proche du format éditorial, où le visuel l'emportait sur l'argumentaire.

The big green triangle
is back.

Quality Street

The big toffee finger
has arrived.

Sainsbury (page ci-contre)

Cette campagne sophistiquée porte l'alliance entre texte et visuel
à son sommet. Un titre accrocheur amène le lecteur à se plonger
dans un argumentaire bien documenté, accompagné d'une superbe
photo qui donne une nouvelle dimension à l'art de la communication.

Annonceur : Sainsbury's / Agence : Abbott Mead Vickers BBDO Limited

The big green triangle. The big toffee finger.
(Le grand triangle vert. La grande tige de caramel.)

Les bonbons Quality Street sont si gros que leurs papiers arrêtent les trains !
Traitée sur le mode surréaliste cette pub plonge le public dans l'étonnement.

Annonceur : Nestlé Rowntree / Agence : Lowe London / Chef de publicité :
Damon Collins / Directeur artistique et rédacteur : Ed Morris /
Photographe : David Stuart / Typographes : Ed Morris et Neil Craddock.
Courtesy D&AD Global Awards (Campaigns Consumer Magazines
sponsorisés par *The Evening Standard* : médaille d'argent, 2004)

Le visuel

De nos jours, le visuel a largement pris le pas sur le texte, au point que de nombreuses campagnes publicitaires s'appuient presque exclusivement sur l'impact et le pouvoir évocateur de l'image pour faire passer leurs messages auprès du public. Les lecteurs assidus de la presse sont habitués aux images. Ils acceptent plus volontiers ce mode de communication instantanée qu'un long laïus argumentaire. Parfois, en présence d'un concept visuel fort, il est difficile de faire la distinction entre l'affiche et l'annonce-presse d'une même campagne.

Robinet

Cette pub de 2005 pour Honda est la preuve qu'un argumentaire solide et un visuel insolite sont un bon choix pour les marques qui veulent se hisser au-dessus du lot.

Annonceur : Honda / Agence : Wieden + Kennedy London / Directeurs artistiques : Tony Davidson et Chris Groom / Rédacteurs : Simon MacTaggart et Nick Darken / Typographe : Chris Groom / Photographe : Guido Mocafico

Concept cars. Aren't they fantastic?
Cars that park themselves. Cars that hover.
But are they only exciting because they never get made?
What if one actually made it onto the production line?
Like the Honda FCX. A car that runs on hydrogen.
Whose only emission is pure water.
Maybe then we'd call them 'reality cars'.
Do you believe in the power of dreams?

Hippopotames

Cette photo signée Nick Georghiou a été prise sur une piste d'atterrissage du Norfolk, en Angleterre. Il s'est servi d'une maquette à laquelle il a ensuite superposé une vraie photo d'hippopotame.

Annonceur : Landrover / Agence : Rainey Kelly Campbell Roalfe/Y&R /
Chef de publicité : Mark Roalfe / Directeur artistique : Jerry Hollens /
Rédacteur : Mike Boles / Photographe : Nick Georghiou

Dimensions et formats

Une publicité de journal peut adopter pratiquement n'importe quelles forme ou dimensions : double page, pleine page, demi ou quart de page ! L'exemple présenté ici (extrait du portfolio d'un étudiant), illustre bien l'importance du choix de l'emplacement dans une page – en l'espèce, à la rubrique « Naissances » d'un quotidien régional. Les magazines offrent encore plus de possibilités aux annonceurs qui souhaitent, par exemple, insérer des encarts ou des dépliants.

Cigare cubain (ci-dessous)

Cette publicité pour la compagnie Virgin Atlantic s'étale sur toute la largeur au bas d'une page de journal.

Annonceur : Virgin Atlantic / Agence : Rainey Kelly Campbell Roalfe/Y&R / Chef de publicité : Mark Roalfe / Directeur artistique : Phil Kitching / Rédacteur : Dean Iqbal / Photographe/illustrateur : Alan Aldridge, plus imagerie 3D par Actis / Typographe : Nils Leonard

Ceci est une Corolla (ci-dessus)

Cette publicité extraite du portfolio d'étudiant de David Rose illustre clairement combien le choix d'un concept et son positionnement sont importants. Ici, le concept centré sur l'idée de naissance est inséré à la rubrique « Naissances » d'un journal régional.

Concept et réalisation : David Rose

Avantages du support

- La presse quotidienne, en s'adressant à un public large, permet à l'annonceur de toucher efficacement différents groupes socio-économiques. Le langage et le registre employés seront différents selon le groupe visé.

- Les magazines spécialisés couvrant des sujets aussi variés que le football ou le rugby, l'informatique ou la mode, le modélisme ou la philatélie, permettent aux annonceurs de toucher des groupes de consommateurs disparates.

- Les magazines offrent la possibilité d'insérer des encarts, dépliants, échantillons de produits et brochures détachables. Pour toucher un groupe défini par courrier publicitaire, rien de tel qu'un insert dans un magazine (voir la rubrique « Le mailing direct », p. 58).

- La presse nationale offre la possibilité aux annonceurs de présenter des argumentaires élaborés, conçus comme des histoires.

- La fréquence des parutions permet aux annonceurs d'exploiter l'actualité. Pourquoi ne pas relier directement une marque à un événement ou à un fait marquant ?

- Il est possible d'insérer des publicités dans les rubriques spécialisées des journaux ou des magazines.

- La qualité supérieure de l'impression et du papier des magazines est un atout supplémentaire pour l'image de marque des annonceurs.

Inconvénients du support

- Contrairement à la télévision, la presse écrite ne peut pas toucher le public par le son ou le mouvement.

- Les journaux regorgent d'informations (publicités concurrentes, éditoriaux, articles) qui entravent le processus de communication.

- La durée de vie d'un quotidien est brève – une fois lu, il part à la poubelle. Les magazines ont en revanche une durée de vie supérieure – on les garde, on les stocke ou on en fait cadeau à des amis. Certains finissent même leurs jours dans la salle d'attente du médecin.

- Les journaux offrent rarement une bonne qualité de reproduction. L'utilisation de la couleur (généralement une seule, le rouge) pour faire ressortir un produit ou un slogan peut paraître « bon marché ».

- Le nombre de pages couleur dans les journaux est limité.

À vous de jouer !

Produisez une série de publicités pour le fleuriste ditesleavecdesfleurs.com. Efforcez-vous de tirer le meilleur parti des supports offerts par la presse nationale.

L'idée est d'attirer l'attention du public sur ce nouveau fleuriste en ligne qui s'engage à livrer les fleurs le lendemain du jour d'achat, avec un message personnalisé imprimé sur une carte décorée choisie personnellement par le client.

Votre tâche consiste à trouver une façon attrayante de présenter ce service dans la presse nationale – vous serez jugé en fonction du nombre de réactions que vous aurez suscitées (le nombre de visites sur le site sera comptabilisé). Réfléchissez à l'emplacement et à la taille de votre encart publicitaire. Y a-t-il des jours plus propices à ce genre de pub ? Si oui, ils pourront vous aider à définir votre concept.

Télévision et cinéma

Hertziennes, numériques ou analogiques, le nombre de chaînes de télévision, en augmentation constante, offre une mine d'opportunités aux annonceurs. Pour autant, le coût élevé de la réalisation et de la diffusion de spots télévisuels disqualifie les petites marques au profit des grandes qui font régulièrement appel au petit écran pour développer une image forte et durable. Le récent regain d'intérêt du public pour le cinéma a contribué à dynamiser la publicité sur grand écran. Celle-ci permet de faire passer des messages auprès d'audiences captives, c'est-à-dire en attente de se divertir et donc réceptives à l'information qui leur est présentée.

Le pêcheur et l'ours (ci-dessus)

Ce spot humoristique met en scène un ours brun particulièrement doué pour attraper des saumons – au point qu'un pêcheur des environs cherche à lui dérober sa prise. Le résultat est un combat de kung fu hilarant entre l'homme et l'animal. Y a-t-il meilleure façon de faire passer le message selon lequel le poisson John West est de première fraîcheur et qualité ?

Annonceur : John West / Agence : Leo Burnett / Chefs de publicité : Nick Bell et Mark Tutsell / Directeur artistique : Paul Silburn / Agent de production : Charlie Gatsky / Entreprise de production : Spectre / Directeur entreprise de production : Daniel Kleinman / Producteur : David Botterrell / Montage : Steve Gandolphi pour Cut & Run / Directeur de la photographie : Steve Blackman

Ballons (page ci-contre)

Dans ce spot réalisé pour le téléviseur Bravia de Sony, des ballons multicolores ont été déversés sur un quartier de San Francisco – « une célébration toute simple de la couleur ». Aucune image de synthèse n'a été employée ici. La bande son était une version acoustique de *Heartbeats*, de Jose Gonzalez.

Annonceur : Sony / Agence : Fallon London / Directeurs de création : Richard Flintham et Andy McLeod / Chef de publicité : Richard Flintham / Directeur artistique/Rédacteur : Juan Cabral / Réalisateur : Nicolai Fuglsig / Production : MJZ

noitulovE (à droite)

L'idée selon laquelle les bonnes choses méritent de se faire désirer est poussée ici à son extrême. Deux amateurs de Guinness sont transportés dans le passé et se retrouvent dans la peau d'hommes préhistoriques.

Annonceur : Guinness / Agence : Abbot Mead Vickers BBDO Limited / Rédacteur : Ian Heartfield / Directeur artistique : Matt Doman / Production : Kleinman Productions / Réalisateur : Danniel Kleinman

La force des spots

Aux yeux des annonceurs, la télé et le cinéma restent les supports publicitaires les plus efficaces et le plus persuasifs. Travailler à la réalisation d'un spot publicitaire constitue généralement un point d'orgue dans la carrière d'un concepteur. Contrairement aux supports statiques comme la presse écrite ou l'affichage, les spots audiovisuels permettent de bâtir un mini-scénario de trente à quarante secondes mêlant mouvement, effets spéciaux, dialogues, musique et commentaire pour vanter efficacement les mérites d'une marque ou d'un produit.

Il y a cinquante ans, les spots audiovisuels étaient encore très rudimentaires et ressemblaient davantage à des réclames animées qu'à des films. Un présentateur s'adressant à la caméra faisait une démonstration exaltant les mérites d'un produit. Il faudra attendre que des concepteurs-rédacteurs entreprennent l'écriture de véritables scripts publicitaires pour que des agences commencent à s'intéresser sérieusement à ce support d'un genre nouveau. Les spots publicitaires offrent aux créatifs de multiples possibilités d'exercer leur talent.

Rouages

Ce spot brise de façon radicale le stéréotype de la publicité automobile. Pendant près de deux minutes, le spectateur assiste à un ballet de rouages soigneusement chorégraphié. Les essuie-glaces et autres parties de la voiture prennent tour à tour la vedette jusqu'à ce que la Honda Accord nous soit enfin révélée. Clairement inspiré de l'œuvre de Heath Robinson, le concept prend néanmoins ici une nouvelle dimension.

Annonceur : Honda UK / Produit : Accord / Agence : Wieden + Kennedy London / Équipe artistique : Ben Walker et Matt Gooden / Chefs de publicité : Tony Davidson et Kim Papworth

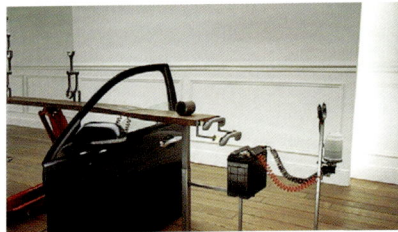

La réalisation

Dans cette partie nous allons aborder brièvement la réalisation d'un spot publicitaire, depuis sa conception jusqu'au tournage. Nous traiterons également de la collaboration entre l'agence et la maison de production et du rôle joué par l'une et l'autre. L'accent sera mis ici sur l'aspect créatif, le planning et la production.

L'agent de production

Il joue les interfaces entre l'agence de communication et le producteur. Travaillant en étroite collaboration avec l'équipe créative, il a pour mission de choisir le réalisateur et le producteur. Pour ce faire, il doit visionner des spots et organiser des réunions avec des réalisateurs et des maisons de production triés sur le volet. Ces réunions sont indispensables pour permettre à l'équipe créative de s'assurer de la « convergence des points de vue » et de discuter de la façon dont le scénario sera traité et réalisé. Généralement, l'agence soumet le projet à trois candidats différents. Celui qui produit le meilleur *pitch* remporte le marché. L'agent de production est également responsable de la gestion du budget.

Le producteur

Son rôle consiste principalement à administrer la régie, à trouver les lieux de tournage, les accessoires, à choisir l'équipe et les équipements, à établir les contrats d'embauche. Outre la régie, il est responsable de la post-production, du montage, des effets spéciaux, de la musique et des voix off. Les grosses maisons de production font appel à des attachés de presse chargés de présenter le portfolio du réalisateur aux agents de production et aux équipes artistiques, mais dans les plus petites structures cette tâche incombe au producteur. Il n'est pas rare que l'agence, ayant déjà en tête le nom d'un réalisateur précis, doive engager au pied levé un autre réalisateur qu'elle ne connaît pas.

Animation

Le dessin animé a toujours eu la faveur des annonceurs. La création de personnages comme Tony le Tigre de Kellog's Frosties s'est avérée très bénéfique. Elle permet de créer un lien affectif sur le long terme entre le produit et le consommateur.

L'animation permet à l'équipe artistique de repousser toujours plus loin les frontières de l'imaginaire. C'est le support idéal pour qui veut jouer sur le registre du fantastique, créer des personnages ou des créatures imaginaires. L'animation est un support de choix quand on s'adresse à un public d'enfants.

Les dessins, qu'ils soient réalisés à la main ou numériquement, sont généralement animés plan par plan. Cependant, en utilisant la méthode « stop-frame », on peut manipuler les personnages ou les objets et leur donner vie. Dans le film *Qui veut la peau de Roger Rabbit ?* (1988) l'interaction entre personnages de dessins animés et acteurs vivants était tellement réussie que la publicité audiovisuelle s'est empressée de reprendre cette technique à son compte. Il existe d'autres techniques, comme le « temps réel » pour lequel on fait appel à des marionnettistes pour créer le mouvement. Mais les publicités audiovisuelles même classiques font de plus en plus appel à l'animation, pour faire virevolter un logo, par exemple, ou faire apparaître un slogan lettre après lettre sur l'écran.

Nous voyons un homme s'adressant à un autre homme. Nous entendons une suite de mots sur la maltraitance qui forment une bulle en sortant de sa bouche. Plus il parle et plus la bulle grossit. Puis elle se détache de sa bouche et s'envole.

À MESURE QUE NOUS NOUS DÉTACHONS D'UNE SCÈNE POUR ENTRER DANS LA SUIVANTE NOTRE REGARD S'ATTACHE À L'UNE DES BULLES – QUI FLOTTE AU-DESSUS DE CHAQUE SCÈNE.

Cette fois, nous voyons une mère de famille garant sa voiture dans une place étriquée le long du trottoir d'une rue passante. Il y a un enfant à l'arrière. La mère a l'air stressée. Un contractuel s'approche de la voiture, le téléphone portable de la mère sonne tandis que son fils braille, lui réclamant quelque chose. Elle se retourne, tend le bras vers la banquette arrière et lui assène une gifle – l'enfant est subitement réduit au silence…

LA MÈRE : TU EN VEUX UNE AUTRE ? NON ? ALORS TAIS-TOI !

La mère descend de voiture et s'approche du parcmètre. Elle nous tourne le dos tandis qu'elle cherche de la monnaie. La bulle entre dans le cadre de l'image par la fenêtre de la voiture et engloutit l'enfant.

ON COUPE. LE REGARD SE PORTE ALORS SUR…

La nuit. Nous voyons un couple enfilant des manteaux. Ils s'apprêtent à sortir. Ils parlent fort devant une petite fille assise par terre qui joue avec des boutons.

LA MÈRE : T'en fais pas, elle est assez grande pour rester seule…

La porte d'entrée se ferme en claquant et des voix d'adultes s'éloignent dans la nuit.

L'HOMME : On dort chez moi ce soir ?

LA FEMME : Ouais, pourquoi pas ?

La bulle apparaît d'un côté du cadre et engloutit la petite fille dans le calme et la sérénité.

ON COUPE. LE REGARD SE PORTE ALORS SUR…

Un petit garçon assis à un bout du canapé. Il est pétrifié, en alerte. Son père, assis à côté de lui, est en train de boire une bière et de fumer une cigarette. Il crie après son fils.

LE PÈRE : Eh, toi ! Va m'en chercher une autre.

Le garçon choqué, écarquille de grands yeux paniqués – l'ordre qu'il redoutait est enfin arrivé, mais il reste pétrifié.

LE PÈRE : JE T'AI DIT D'ALLER M'EN CHERCHER UNE AUTRE, T'ES SOURD OU QUOI ?

Le père étire le bras vers son fils, la cigarette à la main. Avant qu'il ait pu l'atteindre, l'enfant se lève et file à la cuisine.

Il ouvre le frigo, se met sur la pointe des pieds et attrape une canette. Lorsqu'il fait demi-tour pour reprendre la direction du séjour, une bulle tombe devant lui. Il est tellement distrait qu'il ne la remarque pas et entre à l'intérieur. La bulle le protège à présent. Le père sort dans le couloir. Il hausse le ton et se met à invectiver l'enfant.

LE PÈRE : TU EN METS DU TEMPS.

Mais, maintenant, le garçon est à l'intérieur de la bulle qui le protège. Les cris du père lui parviennent étouffés et vagues.

ON COUPE. NOTRE REGARD SE PORTE SUR…

Le matin. Nous voyons un garçon recroquevillé sur lui-même dans un coin du lit – son visage arbore une expression de douleur physique et morale, mais aussi d'affection pour son bourreau. Au premier plan, enveloppé d'obscurité, un homme en robe de chambre pose un doigt sur ses lèvres, puis se faufile hors de la chambre.

VOIX OFF : EN PARLER PEUT AIDER À PROTÉGER UN ENFANT DE LA MALTRAITANCE…

Une autre bulle entre dans le champ, flotte autour de l'enfant et l'enveloppe pour le protéger.

La bulle de mots avec le garçon à l'intérieur s'envole dans le ciel, loin de la maltraitance.

…VOUS AUSSI VOUS POUVEZ AGIR.

À mesure que la bulle s'éloigne elle prend la forme du symbole de l'Association pour la protection de l'enfance maltraitée.

VOIX OFF : LA MALTRAITANCE DES ENFANTS N'EST PAS UNE FATALITÉ.

En parler jusqu'à ce que ça s'arrête

Ce script et son storyboard aisément accessibles tant aux enfants qu'aux adultes font habilement passer l'idée selon laquelle en dénonçant la maltraitance on peut protéger les enfants qui en sont victimes. Les bulles de paroles enveloppent littéralement les enfants et les protègent (voir la réalisation finale page suivante).

Annonceur : NSPCC / Agence : Saatchi & Saatchi / Rédacteur : Joel Bradley / Directeur artistique : Graham Lang / Production : Nexus / Réalisateurs : Adam Foulkes et Alan Smith

 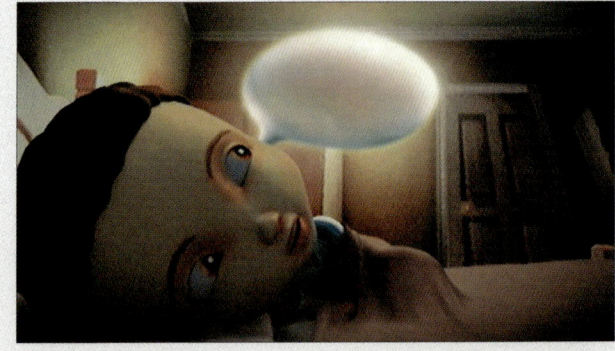

 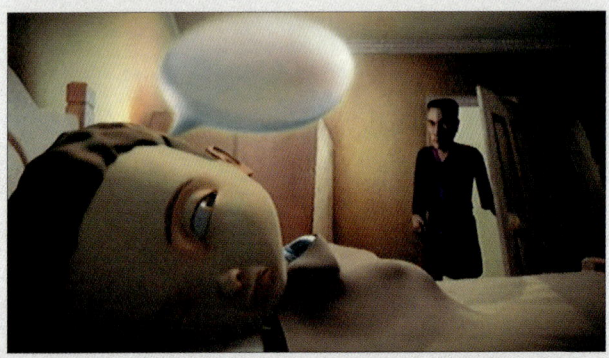

FULL STOP WEEK 3-10 OCT. READ YOUR MAIL PACK.

Talk 'til it stops. FULL STOP ● NSPCC

www.talktilitstops.com

En parler jusqu'à ce que ça s'arrête
Principaux plans du spot de l'Association pour la protection de l'enfance maltraitée.

Crédits mentionnés page 51

Avantages du support

- Bénéficiant d'une vaste audience, la publicité télévisuelle réunissant à la fois le mouvement, le son et la couleur, crée les grandes marques.

- Avec les spots télévisés, tout est possible – il ne faut pas se limiter. Si votre script requiert que des Martiens mangent de la purée instantanée, pourquoi pas ?

- La longueur des spots est flexible. Selon qu'elles durent 30, 40 ou 60 secondes, les publicités offrent des possibilités différentes. Il est également possible d'ouvrir et de fermer la page publicitaire avec de courts *teasers*.

- Grâce aux centaines de chaînes numériques aujourd'hui en service les annonceurs peuvent toucher des publics relativement fragmentés et ciblés.

- Un spot publicitaire bien conçu a toutes les chances d'accrocher un large public. Les publicités à la télévision ou au cinéma ont le pouvoir d'interpeller les gens dans leur vie quotidienne.

- Elles peuvent présenter le produit en situation et en démontrer les qualités. Les publicités pour les voitures et les pneus montrant les performances de tenue de route et de manœuvrabilité dans des conditions climatiques difficiles en sont un bon exemple.

- La publicité audiovisuelle met en scène de vraies personnes surprises dans une « tranche de vie » avec lesquelles le public ciblé va s'identifier. De la même façon, présenter des gens ou des personnages célèbres, peut être à la fois une grande source d'inspiration pour les concepteurs et une façon de se faire connaître des grandes marques.

- Les jingles et les slogans des spots télévisés sont parfois repris par le public dans la vie de tous les jours.

- Le choix d'une musique pour accompagner une publicité peut créer des liens durables entre le public et une marque, et même doper la vente de disques (dont une partie des droits reviendra à l'annonceur) comme ce fut le cas de *Spaceman*, de Babylon Zoo, et de *Underwater Love*, de Smoke City, tous deux associés à la marque de jeans Levi's.

Inconvénients du support

- Le coût de la réalisation de spots publicitaires et du temps d'antenne font de la télévision un support onéreux. Tourner un film publicitaire avec des acteurs, un décor, des effets spéciaux, suppose d'orchestrer un grand nombre de corps de métier.

- La production d'un tel film, depuis sa conception jusqu'à sa réalisation, est un processus relativement lent. Il faut compter en moyenne trois mois pour produire une publicité filmée.

- Les spectateurs profitent parfois de la coupure publicitaire pour faire autre chose, zapper sur d'autres chaînes.

- Les restrictions sur les publicités télévisuelles sont plus importantes que dans la presse écrite.

- Si votre histoire est complexe, vous risquez d'avoir du mal à faire passer le message dans la limite du temps d'antenne qui vous aura été imparti. Si vous avez besoin de fournir des informations détaillées sur le produit, un spot publicitaire télé ou cinéma ne suffira pas.

À vous de jouer !

Imaginez un script télé pour Guinness qui utiliserait la coupure publicitaire comme un atout. Votre script peut être aussi long ou court que vous le souhaitez, il peut être divisé en plusieurs parties. Le concept commercial et le support choisis doivent être en rapport direct avec le produit.

Présentez votre idée sous la forme d'un storyboard en noir et blanc (4 à 6 plans devraient suffire à faire passer le message). Et n'oubliez pas que l'image de marque de Guinness, bière de qualité, est sophistiquée et cool !

La radio

N'étant pas visuelle, la radio peut sembler *a priori* limitée et moins propice à la communication que d'autres supports. Certains produits ou marques semblent se prêter tout naturellement aux médias visuels. Pourtant, les seules vraies limitations sont celles de l'imagination. Parfois, des marques qui paraissent difficilement pouvoir s'adapter à la radio peuvent, moyennant un peu de créativité, en tirer parti d'une façon originale et novatrice. Avant toute chose, vous devez comprendre dans quelles conditions et pourquoi les auditeurs écoutent la radio. Ensuite, vous pourrez commencer à explorer les différents outils et techniques spécifiques à la publicité radiophonique.

Créer des mémos de script radio (ci-dessous)
Offre promotionnelle d'excursion d'une journée sur l'île de Wight.

Annonceur : Red Funnel / Agence : Lawton / Rédacteur : Tim John

Les habitudes des auditeurs (ci-dessous, à gauche)
Dans les années 1930, la plupart des foyers américains étaient équipés d'une radio autour de laquelle la famille aimait à se réunir pour écouter ses programmes favoris. Les annonceurs ont ainsi pu toucher un nouveau public.

Courtesy Retrofile / Getty images

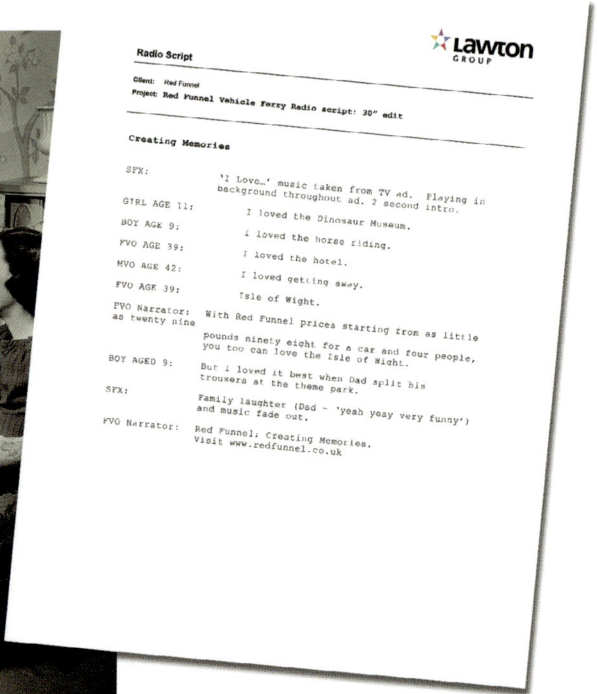

Quels auditeurs ?

Il y a deux catégories d'auditeurs : les habituels et les ponctuels. Les auditeurs « habituels » écoutent généralement les mêmes programmes de façon régulière. Ils écoutent la radio aux heures de grande audience, soit tôt le matin, pendant qu'ils se préparent à aller travailler, soit en se rendant au travail ou durant la journée.

L'auditeur « ponctuel » choisit la fréquence ou le programme qu'il veut écouter. En conséquence son attention et son degré d'implication seront plus soutenus. L'écoute ponctuelle intervient généralement durant les temps de loisir, quand l'auditeur est le plus apte à se concentrer.

Fonctionnement

Il y a grosso modo deux types d'écoute, l'une « fonctionnelle », l'autre « émotionnelle ». Par « fonctionnelle » on entend, entre autres, la nécessité de se tenir au courant – des conditions de circulation ou météo, par exemple. L'écoute « émotionnelle » est quant à elle dictée par un lien particulier de l'auditeur avec un programme, un présentateur, un type de musique donné.

Le matin, les habitudes d'écoute de l'auditeur peuvent fluctuer entre le fonctionnel et l'émotionnel. Dans de nombreux foyers, autour de la table du petit déjeuner, on écoute la radio en sourdine pour se réveiller, se préparer à aller travailler. Certains auditeurs vont écouter la radio de façon sélective, prêtant l'oreille à telle ou telle info, exercice qui peut se prolonger dans leur véhicule lorsqu'ils se rendent au travail.

Durant la journée, le mode d'écoute dépend de l'environnement. Au travail, si l'écoute est collective, le programme est choisi par consensus, la radio est alors censée créer l'humeur et l'atmosphère *ad hoc*. À la maison, la radio est allumée pour « tenir compagnie » à la mère de famille qui s'acquitte de ses tâches ménagères. Dans ce type d'environnement, le choix des programmes tend à être plus personnel et sélectif, même si l'attention et l'implication de l'auditeur sont relâchées.

En soirée ou les week-ends, l'attention est plus soutenue. Le degré d'implication personnelle de l'auditeur est plus fort.

Tirer parti de la radio

Ce n'est pas parce que l'on ne peut pas se servir d'images fixes ou animées pour illustrer une annonce publicitaire que l'impact du message s'en trouvera diminué. Privée de visuel, une publicité radio peut au contraire créer un effet de surprise maximum et faire passer efficacement le message auprès du public.

Dans la pub radio, les visuels qui accompagnent généralement les campagnes d'affichage ou les spots audiovisuels, sont créés dans l'esprit de l'auditeur. Les mots, les phrases, l'intonation de la pub vont déclencher certaines associations d'idées et de références dans la tête de l'auditeur, et lui permettre de visualiser ces images d'une façon personnelle et pertinente. L'une des clés de la réussite est de connaître suffisamment bien le public pour savoir ce qu'il faut dire ou suggérer pour mettre son imagination en éveil.

Planter le décor

Il est essentiel de démarrer votre laïus en fournissant suffisamment d'informations à l'auditeur pour qu'il puisse visualiser la suite. Si votre script inclut plusieurs personnages, vous allez devoir les présenter : qui sont-ils, où sont-ils, que font-ils ? Parfois, une amorce et des effets sonores bien pensés suffisent. Un personnage peut se présenter comme étant l'ami, le collègue ou le parent d'un autre. Il peut faire des commentaires ou des observations qui donnent une idée du décor et de l'environnement dans lequel se situe la scène.

Si l'un des personnages fait allusion à une tierce personne, l'auditeur peut visualiser un groupe de personnes et pas seulement le ou les personnages en train de dialoguer. L'ambiance sonore d'un lieu public peut renforcer cette illusion. Réfléchissez à l'endroit où se déroule la scène – à l'intérieur ou à l'extérieur ? Si c'est à l'intérieur, est-ce dans un grand hall ou une petite pièce confinée ? Si c'est dehors, fait-il chaud ou froid, sec ou humide, etc. ? Pourquoi vos personnages se trouvent-ils là où ils sont ? Réfléchissez à la façon dont vous pourriez fournir rapidement et simplement à l'auditeur les réponses à toutes ces questions.

La « chute »

Dès lors que l'auditeur ne peut pas « voir » la publicité, le concepteur peut aisément le surprendre au moyen de dialogues ou d'effets sonores bien pensés. L'astuce consiste à tenir l'auditeur en haleine en lui laissant croire que quelque chose va se produire (ou s'est déjà produit) avant de prendre une toute autre direction. La « chute » est un terme utilisé pour définir ce moment du scénario où la signification de la scène ou du message publicitaire devient limpide. Une chute publicitaire inattendue peut avoir le même impact que celle d'une histoire drôle et s'avérer extrêmement efficace.

Donnez du relief

La façon dont vos personnages s'adressent les uns aux autres donne une foule d'indications à l'auditeur, et contribue à les rendre plus crédibles. Songez que leur statut social influe sur leur façon de s'exprimer, les mots qu'ils choisissent, les choses qu'ils disent ou non. Selon le cas, ils vont mener ou dominer la conversation, l'interrompre ou attendre d'être invités à prendre la parole. Créer des différences entre les personnages leur donne davantage de relief et les rend plus convaincants.

De la même façon, leur permettre d'exprimer des émotions suscite un questionnement de la part de l'auditeur en rendant l'histoire plus captivante. Si l'un des protagonistes ouvre une publicité sur le mode de la colère, de la tristesse ou de n'importe quelle autre émotion, l'histoire devient d'emblée intéressante. S'il sanglote bruyamment ou éclate d'un rire hystérique, nous allons immédiatement vouloir savoir pourquoi.

Ajouter des détails permet de donner davantage de relief au personnage. Il n'y a pas besoin pour cela d'écrire un long script – il vaut mieux au contraire opérer un choix judicieux parmi les éléments susceptibles de refléter la nature du personnage et de faire jaillir des images dans la tête de l'auditeur.

Toutefois, la réussite et la crédibilité d'une publicité radio résident essentiellement dans la pertinence des personnages. Le concepteur pourra s'inspirer d'une personne de sa connaissance ayant un profil analogue à celui qu'il a en tête.

Écrire une « ébauche »

Dans ce type de publicité, il faut clairement définir les rapports entre les différents personnages. Cela requiert d'écrire une ébauche, c'est-à-dire une séquence d'événements menant à la scène centrale de la publicité. On commence par recenser toutes les questions qui sont susceptibles d'être posées par les personnages, puis on fait de même avec les réponses. L'ébauche va permettre à l'équipe créative de mieux cerner ses personnages, de trouver des explications à leurs comportements et à leurs réactions et de leur donner ainsi plus de crédibilité et de réalisme.

Les effets sonores

Les effets sonores, tout comme la musique, sont un outil précieux pour créer une atmosphère ou planter le décor d'une publicité radio. Cela dit, il faut en user avec prudence – privés de support visuel, ils peuvent être ambigus ou inconvenants. Dans une publicité TV, l'image du bacon grillant dans la poêle, accompagnée par un grésillement est si évocateur que le spectateur peut presque en sentir le fumet. À la radio, en revanche, le bruit du grésillement peut être confondu avec le bruit de l'eau qui coule (souvent utilisé pour accompagner les publicités pour le thé ou le café), lequel peut aisément être confondu avec celui d'une personne en train d'uriner !

Avantages du support

- Les campagnes radio peuvent toucher, au choix, un public régional ou national. La diffusion sur les radios locales permet de cibler un type d'audience encore plus précis.
- Comparativement à la publicité télé, la publicité radio est relativement bon marché.
- À budget égal, on obtient un temps d'antenne supérieur. La fréquence des annonces permet de mieux accrocher le public.
- Le passage à l'antenne peut être programmé en fonction des heures d'écoute. Par exemple, quand les hommes d'affaires vont ou reviennent du bureau en voiture.
- Il est possible d'écouter la radio dans des situations où il serait impossible de regarder la télé ou de lire un magazine.
- C'est un support plus intime et plus convivial qui permet aux auditeurs de forger eux-mêmes leurs propres images mentales.

Inconvénients du support

- Sauf aux heures de grande écoute, comme au petit déjeuner, l'audience est relativement faible en comparaison d'autres supports (comme la télévision).
- On court le risque que le public finisse par se lasser d'entendre toujours la même publicité répétée en boucle. Certaines réclames diffusées plusieurs fois par jour peuvent être particulièrement fastidieuses.
- Le grand nombre de radios commerciales émettant sur les ondes fait baisser les parts d'écoute.
- L'absence de visuel oblige au matraquage pour égaler l'impact d'une publicité télé.

À vous de jouer !

Savoir bâtir un scénario et créer des personnages est essentiel pour réaliser une bonne publicité radio.

1. Concentrez-vous sur un aspect précis de votre personnage, puis étoffez-le au moyen de détails. Par exemple, qu'y a-t-il sous son lit, dans son frigo, son armoire à pharmacie, sa caisse à outils ? Faites-en un trait caractéristique révélateur de sa personnalité.

2. Écrivez un script ou un dialogue dans lequel le personnage exprime sa vision du monde. Choisissez un point de vue différent du vôtre. Assurez-vous que cette attitude est révélée dans le comportement et le discours du personnage en question (il faut « montrer » autant que « dire »).

3. Créez un personnage en appliquant la méthode précitée. Arrêtez-vous dès que vous aurez réuni toutes les caractéristiques de base : nom, âge, profession, etc. Dressez la liste de toutes les caractéristiques propres à ce type d'individu ou de profession. Et maintenant, continuez à bâtir votre personnage en utilisant ces traits distinctifs.

Le mailing direct

De nombreux consommateurs ont une piètre image du mailing direct (publicité, sollicitée ou non, adressée directement à domicile à des consommateurs potentiels) et un grand nombre de publicitaires partagent ce point de vue. Historiquement, les campagnes de mailing direct ont longtemps été considérées comme des supports de deuxième catégorie, tant au plan créatif qu'en termes d'accroche. Pourtant, de nos jours, même les publicitaires les plus rétifs s'accordent à dire qu'une campagne de mailing direct soigneusement orchestrée est un plus. L'un des avantages du mailing direct est qu'il peut être conçu sur mesure pour toucher une certaine catégorie de population, voire s'adresser nommément à une personne précise.

Le mailing direct est personnalisé et comporte le nom et l'adresse du destinataire, contrairement aux prospectus (non sollicités, non personnalisés, distribués en masse dans les boîtes aux lettres). Cela étant, un prospectus peut avoir été ciblé (en fonction du lieu de résidence et des habitudes des consommateurs, par exemple), car rien ne nous dit que l'annonceur ne possède pas vos coordonnées personnelles dans sa base de données.

Le mailing direct recevra un meilleur accueil si les individus ciblés sont déjà clients d'une marque. Mais la plupart des fichiers de prospection comportent des noms de clients « dormants », c'est à dire correspondant à un certain profil, mais n'ayant jamais été mis en relation avec le produit ou la marque que l'on cherche à leur vendre.

Une étude récente a révélé que 40 % seulement des personnes ayant reçu un mailing direct l'avaient ouvert et lu, 40 % l'ayant directement jeté à la poubelle, et que 20 % l'ont ouvert, mais ne s'étaient pas senties concernées par son contenu (Étude Consumer Direct Mail Trend, 2004).

Si l'image du mailing direct est à ce point négative, pourquoi les annonceurs y ont-ils recours ? Le fait est que cette méthode a fait ses preuves. Alors qu'il est quasiment impossible de quantifier l'impact d'une publicité cinéma sur un public donné, le mailing direct permet de se faire une idée précise du nombre de personnes qui répondent au courrier et qui sont devenues des clients. Grâce au mailing direct, l'annonceur peut établir un dialogue avec ses clients, susciter ainsi un regain d'intérêt pour la marque et améliorer les ventes.

Mailing direct sous forme de lasagne
Une lasagne a servi de support publicitaire à *The Guardian* pour faire la promotion de carnets de cuisine publiés chaque semaine dans son supplément.

Annonceur : *The Guardian* / Agence : Claydon Heeley / Chefs de publicité : Dave Woods et Pete Harle / Directeurs artistiques : Simon Haslehurst et Gary Fraser / Rédacteur : Kristian Wheater

Fichiers clients

Les fichiers clients sont indispensables à qui veut entreprendre une campagne de mailing direct. Au départ, des entreprises spécialisées dans le marketing-vente se chargent de constituer un fichier comportant le nom et l'adresse de clients pour un organisme X ou Y. La base de données sera ensuite traitée – on notera le nombre de prospectus distribués et s'ils ont ou non donné lieu à une réponse. La mise à jour suppose également de supprimer les noms des clients ayant déménagé afin de garder le fichier « vivant », raison pour laquelle les mailings directs comportent toujours une adresse de retour au dos de l'enveloppe.

Les fichiers clients les plus sophistiqués comportent un maximum de renseignements, ce qui permet de personnaliser les messages. Les cartes de fidélité des supermarchés sont un bon exemple de ce type de démarche. Les grandes surfaces se servent des données recueillies lors de l'inscription de leurs clients pour concevoir des messages sur mesure en fonction du profil des consommateurs.

Ces fichiers permettent également aux organismes de tester différents types de publicités et campagnes promotionnelles afin de déterminer lesquelles sont les plus efficaces. Par exemple, on enverra une série de mailings dont l'enveloppe comporte un argumentaire et une autre sans, et on comparera ensuite le nombre de réponses reçues. Travailler en étroite relation avec les annonceurs permet aux agences de marketing d'affiner leur stratégie en vue d'obtenir de meilleurs résultats. Les bases de données servent non seulement à comptabiliser les réponses reçues, mais aussi à mettre sur pied de nouvelles stratégies. En évaluant le nombre de réponses ayant donné lieu à des achats – par exemple, sur cent personnes ayant demandé une brochure, combien ont acheté le produit ou le service ? Ces informations peuvent être utiles quand on planifie une campagne.

Mailing direct de Tesco

Les supermarchés Tesco se servent des données personnelles des détenteurs de la carte du magasin pour cibler les mailings adressés à leur clientèle. Connaissant les habitudes d'achat de leurs clients, ils peuvent leur faire des offres pertinentes – si vous achetez régulièrement des boîtes pour chat, on ne vous enverra pas des publicités pour Royal Canin.

Annonceur : Tesco / Agence : EHS Brann / Chef de publicité : Patrick Baglee / Directeur artistique : Libby Clay / Rédacteur : Rachel Heathfield / Partenaire annonceur : Anna Dobson

Profil de clientèle

Les organismes disposant de fichiers peuvent également s'en servir pour affiner le profil des consommateurs en vue de toucher d'autres clients potentiels du même type. Des systèmes sophistiqués comme ACORN et Mosaic ont pour vocation de définir le profil des consommateurs (en fonction de leur code postal, par exemple), et de permettre ainsi aux enseignes de cibler leur clientèle non seulement par zones géographiques, mais aussi par type de comportement (voir la rubrique « L'étude de marché », p. 76). Les renseignements ainsi recueillis permettront de créer de nouveaux fichiers regroupant des clients présentant des profils similaires.

L'envoi d'échantillons

À l'instar de tous les supports publicitaires, le mailing direct se doit d'attirer l'attention d'un public ciblé. Les clients potentiels ne manqueront pas de remarquer les échantillons qui sortent de l'ordinaire, qu'ils soient utiles ou ludiques. Cependant, il faut veiller à ce que le concept soit pertinent et éviter les gadgets, en particulier avec les clients exigeants.

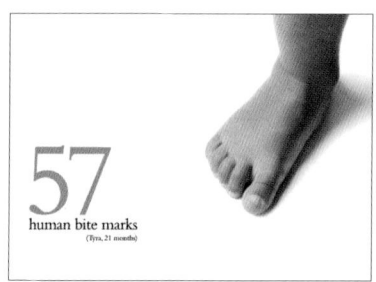

NSPCC

Ce mailing direct « dépouillé » avait pour but d'encourager des donateurs potentiels à verser une somme de 2 £ (environ 3 €) par mois. Les visuels et l'argumentaire laissent entendre que 2 £ est une somme dérisoire comparée au nombre d'accidents dont sont victimes les enfants.

Annonceur : NSPCC / Agence : Rapp Collins / Directeur artistique : Chris Spore / Rédacteur : Nick Cooper

Détecteur de fumée

Ce fascicule illustre de façon saisissante les dégâts causés par un incendie. Conçu comme un catalogue d'ameublement haut de gamme, son message semble dire : vous avez dépensé un tas d'argent pour vous meubler, mais n'avez pas voulu bourse délier pour un simple détecteur de fumée.

Annonceur : Brussels. Hoofdstedeijk, Gewest / Agence : TBWA/Brussels /
Chef de publicité : Jan Dejonghe / Rédacteur : Peter Slabbynck /
Directeur artistique : Alex Ameye / Photographe : Philippe Boels

N'oubliez pas le post-scriptum

La plupart des mailing directs incluent une brochure ou un prospectus et une lettre contenant des tas de slogans et de *post-scriptum* pour que le message atteigne le destinataire, même s'il ne lit pas la lettre ou la brochure jusqu'au bout. Il est également indispensable d'y joindre un coupon réponse, une adresse Internet ou un numéro de téléphone. Le mailing direct présente l'avantage de pouvoir dire tout ce que l'on a à dire. C'est le support idéal pour les annonceurs – produits financiers, œuvres caritatives, voyagistes – qui souhaitent faire passer une grande quantité d'informations. C'est également un outil de vente sans équivalent, raison pour laquelle les vépécistes ont massivement recours au mailing direct.

Mailing direct et IMC

Le mailing direct a incontestablement gagné en crédibilité grâce au marketing intégré (IMC). L'impact d'une campagne menée simultanément sur plusieurs supports et habilement programmée n'est plus à démontrer. Son efficacité s'en trouvera renforcée si, après être passée à la télé, une publicité fait l'objet d'une campagne d'affichage afin d'inciter le consommateur à entrer en contact avec un annonceur – à la suite de quoi l'annonceur lui enverra par courrier un échantillon personnalisé. Cette stratégie tous azimuts permet de faire passer un message fort auprès du public.

Tenez bon

La Fondation pour la prévention des maladies du cœur a mené une brillante campagne multicanaux mettant l'accent sur les effets négatifs du tabac. Un spot télévisé démontrant graphiquement les méfaits du tabac sur les artères a été suivi d'une campagne d'affichage simple, montrant une vue en coupe d'une cigarette remplie de dépôts graisseux comme ceux qui obstruent les artères des fumeurs. Pour renforcer le message, les personnes ayant appelé le numéro vert ont reçu un courrier personnalisé contenant une substance collante qui rendait l'enveloppe difficile à ouvrir.

Annonceur : British Heart Foundation / Agence : EHS Brann /
Chef de publicité : Lu Dixon / Directeur artistique : Adrian Richards /
Rédacteur : Russell Garn

Avantages du support

- Le courrier publicitaire est plus personnalisé que la plupart des autres médias. Il peut non seulement comporter le nom et l'adresse d'un consommateur donné mais s'accompagner d'offres spécialement conçues pour lui.

- L'impact du mailing direct peut être mesuré en comptabilisant les réponses ayant débouché sur des ventes, chose quasiment impossible avec les autres supports.

- Le mailing direct permet d'établir un dialogue avec le client, ce qui en fait un support potentiellement interactif.

- Une fois le dialogue amorcé, on peut établir des relations suivies avec le client. Dans ce domaine, les organisations caritatives sont particulièrement habiles. Leurs campagnes de communication visent à établir une relation de confiance avec les donateurs.

- Le mailing direct peut être employé pour la vente directe. Dès lors qu'ils ne passent plus par des détaillants et autres intermédiaires, les annonceurs peuvent offrir des tarifs plus intéressants aux consommateurs. Les voyagistes sont nombreux à avoir adopté cette méthode qui leur évite de verser des commissions aux agences de voyage ou de se faire couper l'herbe sous le pied par leurs concurrents.

- Le mailing est un outil précieux pour qui souhaite faire passer une quantité importante d'informations. On peut l'utiliser en renfort d'une campagne télé ou radio.

Inconvénients du support

- Nombreux sont les consommateurs à considérer le mailing direct comme des spams, de sorte que les messages importants ou pertinents finissent au rebut avant même d'avoir été ouverts.

- Le gaspillage est considérable dans la mesure où le ratio de réponses est relativement bas. Un annonceur peut se satisfaire de 10 % de réponses, mais en plus du fait que 90 % du courrier finit à la poubelle, une grande partie du budget courrier a été gaspillé purement et simplement – raison pour laquelle les publicistes cherchent sans cesse de nouveaux moyens pour augmenter le nombre de réponses.

- Il est difficile d'apprécier les effets d'une campagne de mailing sur le comportement des consommateurs. Le destinataire peut avoir ouvert et lu un courrier, mais ne pas y avoir répondu sur le coup. Il se peut qu'il ait eu une influence – positive ou négative – sur l'idée qu'il se fait de la marque ou du produit.

- Les problèmes liés à la livraison et à la fiabilité peuvent avoir des effets désastreux sur les consommateurs – les entreprises de vente par correspondance doivent être certaines de pouvoir honorer leur carnet de commandes dans les temps.

À vous de jouer !

Réunissez deux ou trois courriers de mailing direct et comparez-les. Quels en sont les points communs ? Étudiez les éléments tels que l'enveloppe, la lettre, le prospectus ou le coupon-réponse, ainsi que le ton du message.

Comment pensez-vous que les annonceurs se sont procurés vos coordonnées ? Êtes-vous un de leurs clients habituels ou ont-ils acheté un fichier de contacts dans lequel votre nom figurait ?

Quel est d'après vous l'objectif de chacun de ces courriers ? Cherchent-ils simplement à vous vendre un produit, ou leur but est-il d'établir une relation avec vous, pour vous remercier de votre fidélité, ou solliciter un don sur une base régulière ? Était-ce réellement un spam ou quelque chose de plus intéressant quand on prend le temps de l'étudier en détail ?

La publicité en ligne

L'efficacité de la publicité en ligne tient en partie à sa nouveauté. Support expérimental et en évolution constante, tout ou presque lui est permis en termes de créativité. En l'absence de mentors ou de modèles à copier ou à suivre, le créateur peut laisser libre cours à son originalité et à son imagination. Internet étant un support saturé d'informations, il est essentiel de se montrer plus créatif que son voisin.

Le grand avantage de la publicité en ligne est qu'elle est interactive – une communication à double sens, voulue ou non, s'instaure instantanément ! Devenir un expert en informatique pour créer des graphiques et des animations n'est pas obligatoire mais cela constitue tout de même un plus.

L'avènement de l'ADSL permettant l'échange instantané de données et d'informations a bouleversé les habitudes. Un sixième de la population mondiale ayant accès à Internet, les agences de communication ont flairé le fort potentiel de la publicité en ligne. Celle-ci se développe rapidement et il y a fort à parier que, d'ici peu, les plus talentueux de nos concepteurs vont se laisser séduire par ce formidable support encore relativement neuf.

Une opportunité de création

La publicité sur le Net fait d'ores et déjà partie intégrante du marketing multicanaux qui vient s'ajouter et compléter les supports plus traditionnels. Utilisés comme outil de marketing direct, les bannières et pop-up publicitaires sont très efficaces pour promouvoir certains produits ou marques. Ces dernières années, les bannières sont devenues de plus en plus sophistiquées et créatives. Films d'action ou d'animation, ils créent l'interaction avec l'internaute. Ils permettent également aux petites entreprises d'accroître rapidement et à moindre coût leur visibilité. Cela dit, ces publicités ont une « durée de vie » courte et doivent être renouvelées toutes les deux semaines environ.

Le marketing « viral »

« Il s'agit d'une stratégie qui consiste à inciter des individus à faire passer un message publicitaire à d'autres personnes de leur connaissance, et d'accroître ainsi exponentiellement la visibilité et l'efficacité du message. » (Ralf F. Wilson, responsable de marketing email et en ligne, *Web Marketing Today*.)

Lequel d'entre nous n'a pas déjà reçu de mauvaises blagues ou de petits films par courrier électronique ? Nous en relayons certains auprès de nos collègues et amis, et nous effaçons les autres. Le marketing viral fonctionne de la même manière, laissant au consommateur le soin de diffuser lui-même le message par courriel ou à partir d'un site Internet. C'est une stratégie de « bouche-à-oreille » permettant de faire circuler très rapidement l'information. Certains sites Internet sont spécialisés dans ce type de marketing. Ils proposent des jeux, des concours et des films qui, dans le meilleur des cas, seront transmis à des cercles entiers de connaissances. L'une des campagnes de marketing viral les plus anciennes est celle du film *Le Projet Blair Witch*. Les concepteurs ont fait courir la rumeur selon laquelle les événements relatés dans le film étaient véridiques.

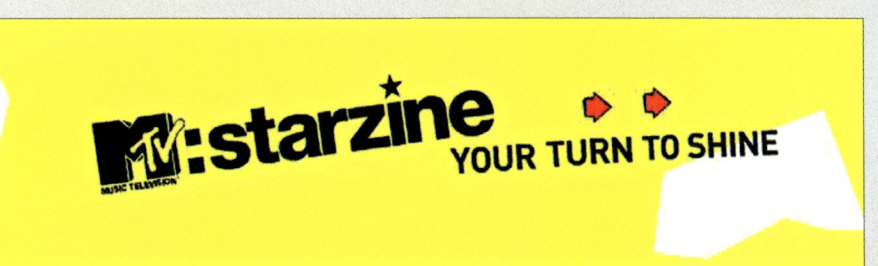

Starzine

Starzine est un « magazine » en ligne créé par les visiteurs du site de MTV. Il permet aux utilisateurs de télécharger des images pour leurs téléphones portables et d'accéder à des outils graphiques pour créer autant de pages qu'ils le souhaitent. *Starzine* est aussi un concours ; les pages élues par les internautes sont placées en tête du magazine et la page gagnante s'offre la couverture.

C'est Glue qui a créé à la fois le site et les bannières pour attirer les internautes. Les pubs diffusées sur divers sites MTV dans toute l'Europe utilisent délibérément des illustrations accrocheuses en caractères gras avec quelques touches interactives attrayantes pour inciter les gens à participer. Chaque réalisation a été soumise au vote.

Annonceur : MTV / Agence : Glue London / Chef de publicité : Seb Royce / Équipe artistique : Christine Turner et Simon Lloyd / Designer : Dom O'Brien

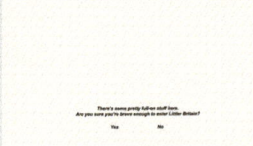

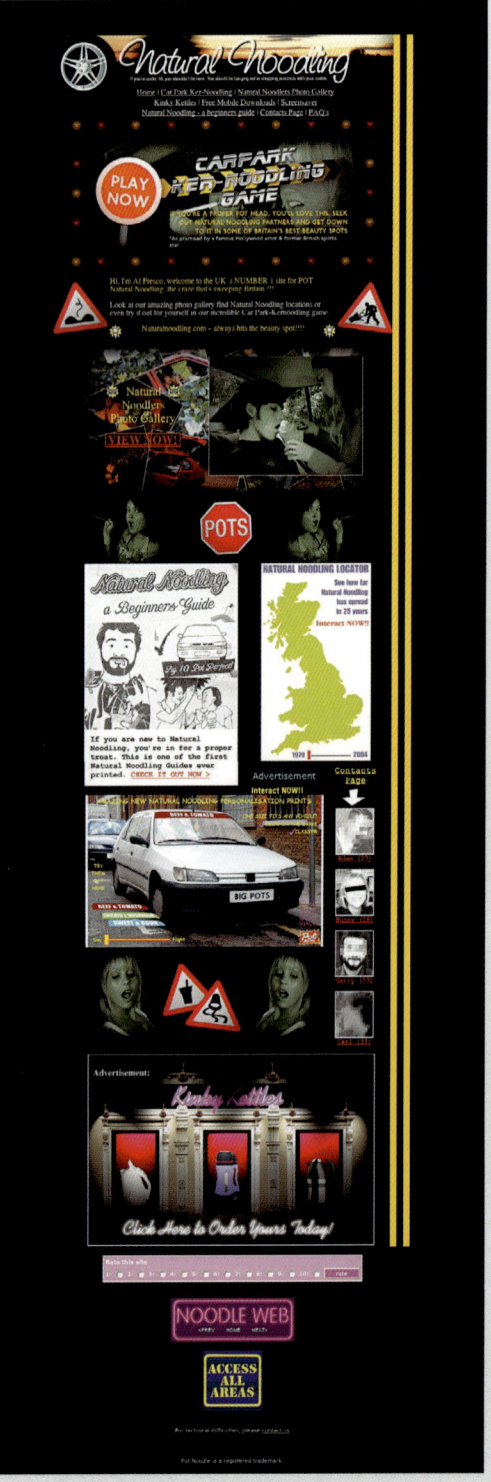

Littler Britain (ci-dessus)

Virgin voulait en finir avec l'idée selon laquelle les trains seraient lents et inciter les gens à choisir le rail plutôt que la route. Le message que l'on veut faire passer ici est qu'avec la nouvelle génération de trains à grande vitesse le Royaume-Uni a rétréci. Cette campagne comportant une série de six films diffusés sur le Net a été programmée de façon à coller à l'actualité. Le premier, *Jeune Coq*, a été diffusé en même temps que la sortie en salle de *King Kong*. *Noël* a été diffusé en décembre, et *Malade* juste avant le Nouvel An.

Annonceur : Virgin Trains / Agence : Glue London / Chef de publicité : Seb Royce / Équipe créative : Christine Turner et Simon Lloyd / Designers : Adam Lee et Tomboy Virals

- Étant interactive, la publicité en ligne permet d'impliquer le public de façon beaucoup plus directe que la plupart des autres médias.
- Elle est idéale pour cibler un public jeune, au fait des nouvelles technologies.
- Elle est présente 24 heures sur 24.
- Sur Internet le ton plus libre et plus irrévérencieux que sur les autres médias offre davantage de latitude aux concepteurs.
- Une publicité qui marche peut se répandre à une vitesse impressionnante par le biais des internautes qui diffusent les liens/fichiers auprès de leurs connaissances.
- Il est facile d'y incorporer des films et des animations, ce qui offre une foule de possibilités aux créatifs.

Inconvénients du support

- La publicité en ligne est un phénomène nouveau qui n'a pas encore été exploré à fond.
- Elle est réservée aux gens qui sont équipés d'ordinateurs – il peut être difficile de cibler un public de personnes âgées, par exemple.
- La résolution d'écran selon qu'elle est haute ou non peut poser problème aux concepteurs de publicités en ligne.

À vous de jouer !

Imaginez des concepts pour promouvoir les produits d'un tour opérateur auprès d'un public de cinquantenaires.

Commencez par faire des recherches sur ce tour opérateur. Vous allez être surpris de voir combien cela stimule l'imagination. La publicité en ligne est-elle un bon moyen de toucher le public ciblé ? Nombreux sont les gens dans cette tranche d'âge à se servir d'Internet régulièrement. Ils ont généralement de l'argent à dépenser après que leurs enfants ont quitté « le nid ». La publicité en ligne pourrait être envisagée comme un volet parmi d'autres dans le cadre d'une campagne multi-canaux. À vous de voir comment !

La Nouille en folie (page ci-contre, à droite)

Pour vanter « l'irrésistible et inavouable attrait » des nouilles instantanées, l'agence Glue a imaginé un jeu en ligne inspiré des gros titres racoleurs des tabloïds. Le « dogging », véritable phénomène de société outre-Atlantique, est un jeu sexuel qui consiste à se rendre dans un lieu public pour y faire de l'échangisme/voyeurisme à bord de voitures. En substituant la consommation de nouilles instantanées au « dogging », Glue présente cette activité « irrésistible et inavouable » sous un jour comique et subversif dans lequel les participants « accro » sont prêts à tout pour s'adonner à leur péché mignon – ils le font en pleine rue, avec des inconnus, etc. Le jeu, une vidéo interactive ayant pour cadre une aire de stationnement, consistait à découvrir le plus grand nombre de « nouilleurs » cachés dans les voitures avant que les nouilles ne refroidissent ! La fonction « envoyer à un ami » a fait boule de neige, attirant sans cesse de nouveaux visiteurs sur le site.

Annonceur : Pot Noodle / Agence : Glue London / Chef de publicité : Seb Royce / Équipe créative : Gemma Butler et Gavin Rogers / Designer : Simon Cam

PLANNING ET STRATÉGIE D'UNE CAMPAGNE PUBLICITAIRE

L'annonceur

Le brief de l'annonceur

Une fois la relation de confiance établie entre client et agence, le travail peut commencer. Chaque projet débute par la présentation d'un « brief » de la part du client. Cette mise au courant peut prendre la forme d'un rapport écrit qui sera ensuite présenté verbalement à l'agence. Le brief doit énoncer clairement les objectifs de la campagne, en présentant une analyse rigoureuse du statut de la marque et de sa place sur le marché par rapport à ses concurrents. Il doit fournir le plus d'informations et d'indications possible à l'agence pour l'aider à trouver les meilleures solutions.

Structurer le brief

Le British Institute of Practitioners in Advertising a publié un guide pratique à l'usage des groupes industriels (*The Client Brief*, 2003, IPA, Londres). Ce guide comprend une liste de tous les éléments à communiquer à l'agence.

La plupart des campagnes publicitaires sont organisées par des agences travaillant pour le compte de clients – organismes, consortiums, fabricants ou particuliers. Rares sont les annonceurs à vouloir se charger « en interne » de faire leur propre promotion, préférant pour cela s'en remettre aux agences, plus objectives et plus aptes à trouver des idées.

De façon générale, les relations client-agence sont bonnes, même si le client garde entièrement le contrôle du budget. Il arrive que des agences craignant des restrictions budgétaires soient amenées à valider des choix stratégiques qui ne leur conviennent pas, simplement pour satisfaire aux exigences d'un annonceur. Dans ces cas-là, les résultats sont bien souvent désastreux et les relations entre les deux parties se trouvent irrémédiablement compromises, l'une et l'autre se rejetant mutuellement la faute. La « peur de l'échec » existe toujours, mais, de nos jours, agences et clients sont plus enclins au travail en équipe. La plupart des gros annonceurs ont appris à faire confiance aux publicitaires et les agences ont à cœur d'impliquer le client dans les phases clés de la mise en œuvre.

Les points clés du brief client
- Quelle est notre position actuelle sur le marché ?
- Quelle place visons-nous ?
- Qu'allons-nous faire pour y arriver ?
- Quelle clientèle voulons-nous cibler ?
- Comment saurons-nous si nous avons réussi ?
- Détails pratiques
- Approbation

Quelle est notre position actuelle sur le marché ?

En premier lieu, le brief doit définir la place de la marque, du produit ou du service en termes de ventes, de parts de marché, de distribution et de comportement du consommateur. Le client doit être impartial dans sa façon de présenter les faiblesses et les points forts de sa marque/produit/service. Il doit également faire état des craintes vis-à-vis de la concurrence et des opportunités qui n'auraient pas encore été exploitées.

Une étude intégrée de tous ces points permet d'apprécier le positionnement de la marque sur le marché – voir exemple ci-dessous.

Les points forts

Exemples de points forts de la marque sur le marché. On les compare avec ceux des concurrents, par exemple le leader sur le marché.

Faiblesses

Ce sont tous les problèmes auxquels est confrontée la marque. Ce peut être une désaffection du public pour le produit, qu'il trouve passé de mode ou moins performant que celui de la concurrence.

Opportunités

On entend par là la possibilité de vendre le produit à un nouveau public, grâce à un changement de législation, par exemple, comme l'entrée de nouveaux États membres dans l'Union européenne.

Craintes

La crainte peut être l'arrivée sur le marché d'un nouveau concurrent ou un changement de législation imposant des restrictions potentielles, comme l'interdiction de faire de la publicité auprès des mineurs, ou des problèmes de santé publique, comme la grippe aviaire.

Quelle place visons-nous ?

Dans cette partie du brief, l'annonceur doit définir les objectifs de la campagne. Quel est d'après lui le premier but à atteindre : une augmentation des ventes, un changement d'attitude du consommateur ? Savoir ce que souhaite précisément le client va permettre à l'agence de mieux cibler sa campagne.

Qu'allons-nous faire pour y arriver ?

Le brief se doit d'exposer en détails toutes les autres initiatives prises par le service marketing afin que l'agence puisse mener sa campagne en accord avec tous les autres acteurs du plan marketing.

Quelle clientèle voulons-nous cibler ?

C'est un élément clé pour définir un type de stratégie et choisir les médias adéquats. Là encore, il faut pouvoir fournir à l'agence le plus de renseignements possibles concernant le public visé et les consommateurs potentiels : qui sont-ils, pourquoi achètent-ils ou n'achètent-ils pas encore la marque ou le produit ?

Comment saurons-nous si nous avons réussi ?

Il convient également de définir les critères qui seront utilisés pour évaluer les résultats de la campagne. Cela suppose de procéder à une étude de marché avant et après la campagne.

Les critères d'évaluation ne sont pas nécessairement liés aux ventes, la publicité n'étant qu'un rouage du processus visant à inciter les consommateurs à acheter tel produit ou service. Juger du succès d'une campagne en fonction des ventes réalisées, c'est oublier que le rôle de la publicité c'est aussi d'établir une relation de confiance entre la marque et le consommateur afin de le fidéliser.

Détails pratiques et approbation

Enfin, le brief de l'annonceur devra faire état de tous les détails pratiques relatifs au plan de campagne. Quels placements médias, quel budget, qui endossera la responsabilité des éléments créatifs et des dépenses afférentes aux supports ? S'il y a des restrictions médiatiques ou légales, l'agence doit en être tenue informée.

Le guide pratique à l'usage des organismes (ci-dessus et page ci-contre)

Des groupes industriels ont publié plusieurs guides pratiques élaborés à partir de recherches poussées qui peuvent être téléchargés sur www.ipa.co.uk

Extrait de *The Client Brief*, guide pratique à l'usage des organismes pubié en juillet 2003 par l'Institute of Practitioners in Advertising (IPA), l'Incorporated Society of British Advertisers (ISBA), la Marketing Communication Consultants Association (MCCA) et la Public Relations Consultants Association (PRCA).

Parlons peu mais parlons bien

La plupart des agences ont adopté ce vieil adage.
Si l'annonceur ne leur fournit pas toutes les données
dont elles ont besoin, comment pourront-elles définir
une stratégie efficace ? L'importance de la collaboration
entre l'annonceur et l'agence ne saurait être sous-estimée.
S'ils sont habitués à travailler ensemble, l'agence sera déjà
au fait d'un grand nombre de renseignements contenus
dans le brief, ce qui permet de gagner du temps et de
réduire les risques d'erreurs stratégiques.

FOREWORD

"FORGET, JUST FOR A MINUTE, THAT YOU ARE BRIEFING AN AGENCY.
INSTEAD, PRETEND YOU ARE STANDING ON THE BANK OF A RIVER ABOUT TO BUILD A BRIDGE."

CHRIS HERD
IPA Value of Advertising Committee

Around you are architects, builders, all sorts of different experts that you have hired to help you. They might all come from different specialist companies, they might all come from a single one-stop-bridge-shop. It really doesn't matter. All that matters is that you build the best and most effective bridge you can.

So what brief should you give them in order to get that perfect bridge?

How about **where it should start from?** Where are you standing right now? Where is 'point A'? They need to know that. That's not up for debate.

And what about **where it should finish?** Where's 'point B'? The destination. If I were the architect, that's the bit of information I'd want made pretty clear.

Finally, what about **how to build the bridge itself?**

Probably not.

Maybe you'd give them some ideas on what the bridge might look like, what vehicles will need to cross it, what size boats will need to go underneath it, how high the hand-rails should be, etc, etc. But you're not going to tell them how to build the bridge. That's their job. You're going to sit back and wait to see the drawings.

It's the same with briefing agencies. They need to know where you are now. And they need to know where you want to get to. What will success look like? And how will it be measured?

If every agency involved in your campaign shares that same information, aren't they likely to work better together to achieve the desired result?

So when you're writing an agency brief, think "Where am I now?" and "Where do I need to get to?". Make it crystal clear. And you'll find that most agencies will be pretty good at getting you there.

I think that's the single biggest thing we've learned from all of our research in preparing this guide. So I hope it sings out loud and clear as our single biggest recommendation.

Now, back to bridges.

The Millennium footbridge. Wouldn't you just love to see the original client brief?

À vous de jouer !

Imaginez la campagne de votre choix. Mettez-vous dans la peau de l'annonceur et essayez d'écrire le brief.

Quel est le contexte de la campagne ? Quels sont les objectifs visés ? Qui est le public ciblé et quelles sont les attentes de l'annonceur – susciter une réflexion, une réaction émotionnelle, une action chez les consommateurs ?

Comment, d'après vous, va-t-il évaluer l'impact de la campagne - études marketing, analyse des ventes ?

Quelles autres données sont utiles à l'agence ?

Même si le brief comporte l'essentiel des informations nécessaires à l'agence pour mettre sur pied sa campagne, il subsistera des zones d'ombre qu'elle devra éclaircir pour pouvoir affiner son message.

L'équipe va devoir littéralement se mettre dans la peau du public visé pour pouvoir s'identifier au maximum avec lui et raisonner en consommateur. Il est indispensable qu'elle connaisse son attitude vis-à-vis du type de produit offert et de la marque concernée, et ses habitudes d'achat afin de mettre au point une stratégie efficace.

Acheter une barre chocolatée ou une voiture à crédit n'implique pas le même genre de considérations de la part du consommateur dont l'attitude varie selon que l'achat requiert un investissement plus ou moins important.

Le bonheur
S'offrir une barre chocolatée ne requiert guère de réflexion de la part du consommateur, comparativement à un achat plus important, comme celui d'une voiture neuve.

Annonceur : Cadbury Schweppes / Agence : Publicis UK / Directeur artistique : Cat Silliman / Rédacteur : Stephen Beverly / Chef de publicité : Nik Studzinski

Comportement d'achat

Les publicitaires vont devoir cerner les processus mis en œuvre pour l'achat d'un produit ou d'un service. S'agit-il d'un achat banal, qui requiert peu de réflexion de la part du consommateur, d'un achat un peu plus important demandant davantage de réflexion ou d'un achat onéreux supposant un engagement financier à long terme ?

Étudier de près ces processus permet à l'équipe de mieux comprendre les motivations du consommateur. L'achat est-il vécu comme positif ou négatif ? Est-ce une expérience agréable ou une corvée ? Si l'achat demande réflexion, auprès de qui le consommateur va-t-il chercher conseil pour faire son choix ? Savoir ce genre de choses permet à l'équipe de définir une stratégie de communication et d'élaborer un plan média.

Il n'existe pas de modèle type dans ce domaine. Les attitudes envers une catégorie de produit varient en fonction du public ciblé, et de ses revenus, naturellement.

Attitude envers la marque

Tout comme elle l'a fait pour le type de produit et le comportement d'achat, l'équipe va devoir explorer l'attitude du public envers la marque. Cela lui permettra de mieux la situer par rapport à ses concurrentes et par conséquent de trouver les moyens de la différencier d'autres produits ou services similaires. Par exemple, les consommateurs voient-ils la marque comme un produit de valeur ou de qualité ? La considèrent-ils comme un produit fonctionnel qui remplit au mieux son rôle ? N'achètent-ils que votre marque ou en achètent-ils d'autres – et pourquoi ? À quelle fréquence – souvent ou rarement, quotidiennement ou pour des occasions spéciales ?

Bien souvent la campagne va tenter de modifier l'attitude ou la perception des consommateurs vis-à-vis de la marque en la leur présentant sous un jour différent.

À vous de jouer !

Le projet sur lequel vous travaillez est une nouvelle croisière en Méditerranée pour un public de 55 ans et plus. Vous allez devoir vous mettre dans la peau d'une personne de 30 ans votre aînée. Essayez d'imaginer quelles sont ses motivations lorsqu'elle décide de faire une croisière – en quoi diffèrent-elles de vos propres motivations, la dernière fois que vous êtes parti en vacances ?

L'étude
de marché

Elle est à la base de toutes les décisions qui vont conduire à la planification de la campagne. Grâce à elle, l'annonceur et l'agence seront plus à même de comprendre le marché, d'identifier et de cibler le public désiré, de tester les éléments créatifs, de choisir les supports les plus appropriés, et, enfin, d'évaluer l'impact de la campagne.

Le brief de l'annonceur comporte généralement une pré-enquête portant sur le marché et le public ciblés, qui sera ensuite complétée par l'étude réalisée par l'agence.

Les études « omnibus »

Le marketing est un domaine très vaste englobant un large éventail de méthodes. Nombreux sont les annonceurs à réaliser eux-mêmes des études de marché en rapport direct avec leur marque, mais il arrive qu'ils fassent appel à des sources extérieures.

Une étude omnibus est un sondage réalisé périodiquement par un cabinet spécialisé. Les organisations qui le souhaitent peuvent, moyennant finances, faire inclure un certain nombre de questions dans l'étude. Ce type de prospection est particulièrement utile pour déceler les changements d'attitude des consommateurs envers une marque et la perception qu'ils en ont avant et après une campagne.

Les agences peuvent se procurer également des données auprès de différentes sources comme les agences Mintel ou Keynote spécialisées dans les études de prospection et opérant dans un grand nombre de pays. Toutes deux sont à même de fournir des études très détaillées à partir d'une compilation d'informations recueillies auprès d'instituts de sondage privés. Ces études sont très utiles pour déceler les concurrents potentiels et comprendre globalement les enjeux du marché. Elles permettent également de faire des projections qui seront comparées à celles des annonceurs.

Méthodes d'investigation

Les agences de marketing sont les mieux placées pour conseiller un annonceur sur les solutions les plus adaptées. Afin de déterminer quels seront les meilleurs outils d'investigation, trois facteurs clés sont à prendre en compte : quels sont les objectifs du client, le nombre de personnes auprès desquelles l'étude sera menée et le montant du budget envisagé.

La pré-étude s'effectue directement auprès du consommateur, soit par sondage, soit par observation. Pour recueillir ces premières données, l'agence ou l'annonceur va faire appel à des cabinets spécialisés.

Une étude secondaire est ensuite menée à partir de l'information déjà existante. Il peut s'agir d'une simple étude des chiffres de vente et des tendances du marché, ou d'une étude plus aboutie à partir de données recueillies auprès de sources internes et externes.

L'étude qualitative est une prospection en profondeur du marché ciblé. Les informations ainsi recueillies vont aider les agences ou les annonceurs à mieux comprendre/cerner les attentes des consommateurs dans tel ou tel domaine. Ainsi, si vous voulez savoir comment un produit, la couleur d'un emballage ou l'image d'une marque sont perçus par les consommateurs, vous allez organiser des panels de consommateurs (voir ci-dessous). On ne peut pas faire de généralités à partir de ce type d'études, mais cette approche permet de mieux cerner le profil du public visé.

L'étude quantitative, davantage centrée sur les chiffres, nécessite d'interroger un échantillon de consommateurs beaucoup plus vaste. L'information ainsi récoltée procure des données précises plus aisément quantifiables et moins subjectives. Si vous voulez cerner le comportement d'achat d'un consommateur vis-à-vis d'un produit donné, vous allez le soumettre à un questionnaire pour savoir quand et où il achète ce produit et à quelle fréquence. Les questionnaires sont la méthode de sondage la plus répandue dans les études quantitatives, car ils peuvent être menés par courrier, téléphone ou Internet.

Méthodes d'investigation

- Questionnaires envoyés par la poste.
- Carnets d'achats : on demande aux consommateurs de tenir un « carnet de bord » de leurs achats.
- Sondages téléphoniques : questionnaires ou entretiens approfondis menés par téléphone.
- Sondages de rue : menés par des professionnels auprès d'interlocuteurs ciblés dans les artères commerçantes.
- Tests en cabine : ils sont comparables aux tests de rue, mais la personne est invitée à prendre place dans une cabine pour tester un produit ou une publicité.
- Entretiens face à face : le prospecteur interroge une personne, un couple ou un groupe d'amis.
- Entretiens avec des groupes de six à dix personnes. L'idée étant de susciter une discussion.

Méthodes d'observation

- Le client mystère : le prospecteur se fait passer pour un consommateur afin d'évaluer la qualité du service au client.
- Observation *in situ* : étude ou surveillance électronique du comportement des clients dans un magasin.

À vous de jouer !

Rédigez un bref questionnaire afin de comparer les attitudes vis-à-vis de deux marques différentes de boissons non alcoolisées. Vous devez découvrir quelle marque les personnes interrogées achètent habituellement et pour quelles raisons. Tâchez de découvrir si elles sont influencées par la publicité quand elles doivent choisir entre plusieurs produits.

Faites circuler le questionnaire auprès de vos camarades de classe. Avez-vous récolté toute l'information désirée ou pouvez-vous encore améliorer le questionnaire ? Y a-t-il d'autres procédés que vous auriez pu utiliser pour recueillir les mêmes informations ?

Le cycle de planification d'une campagne

Une fois en possession du brief de l'annonceur, l'agence doit décortiquer toute l'information qu'il contient afin de définir une stratégie conforme aux attentes de son client. Elle doit également repérer les éventuelles lacunes du brief qui devront être comblées par l'étude de marché.

Les questions fondamentales typiques d'un cycle de planification figurent sur le diagramme ci-contre. Elles découlent des informations contenues dans le brief client, mais l'élément clé apporté par l'agence se trouve sous la rubrique « Comment y arriver ? ». Il s'agit d'un mode cyclique – une fois l'impact de la campagne évalué sous la rubrique « Y sommes-nous arrivés ? », les conclusions seront réutilisées lors de la prochaine campagne pour que la rubrique « Où en sommes-nous ? » reste d'actualité.

Où en sommes-nous ?

Ainsi que nous l'avons dit précédemment, l'annonceur a réalisé des études de marché afin de répondre à toutes les questions listées ci-après. Cependant, il arrive que l'agence exige une étude complémentaire pour combler les éventuelles lacunes et définir ainsi des stratégies cohérentes.

Les parts de marché
• Comment se portent mes ventes par rapport à celles de mes concurrents ?

Principaux concurrents
• Qui sont-ils ?
• Quelles sont leurs parts de marché ?
• Quel est leur budget publicitaire ?
• Quelle place occupent-ils dans les médias ?

Positionnement sur le marché
• En quoi le produit se différencie-t-il de ses concurrents ?
• Comment les consommateurs voient-ils la marque, le produit ou l'enseigne ?

Reconnaissance de la marque
• Qu'en est-il de la reconnaissance de la marque ? (Prenez par exemple une marque de café sans la nommer.)
• Qu'en est-il de la reconnaissance de la marque quand celle-ci est évoquée ?

Où voudrions-nous être ?

À partir des objectifs dont le client a fait état dans son brief, l'agence va tenter d'évaluer si une seule campagne suffira à les atteindre.

À cette étape, pour décider de la marche à suivre, il est indispensable de savoir quelle place la marque occupe effectivement au sein de son marché. Comment est-elle perçue (en bien ou en mal) par les consommateurs, par opposition à : comment l'annonceur croit-il qu'elle est perçue ? Certains éléments rationnels, mais aussi subjectifs – la marque répond-elle aux besoins et aux attentes du consommateur – permettent de la situer.

Love life

Le Coca light à la cerise bénéficie de la notoriété de la marque Coca Cola, mais il doit malgré tout se faire une place sur le segment « jeunes consommateurs » qu'il cherche à cibler.

Annonceur : The Coca Cola Company / Agence : Vallance Carruthers Coleman Priest / Chefs de publicité : Rooney Carruthers et Mark Orbine / Rédacteur : John McLaughlin / Production : Moon / Réalisateur : Mike Stephenson

La sensibilité à la marque

Elle peut être de deux sortes : la mémoire de la marque et la reconnaissance de la marque. Si l'annonceur veut que les consommateurs se souviennent de la marque quand ils ont besoin d'un produit, les publicitaires vont devoir axer leur campagne sur la mémoire de la marque. Dans ce cas, le consommateur doit se rappeler du nom d'une barre chocolatée (et non pas juste de n'importe quelle barre du même type) avant d'entrer dans un magasin pour l'acheter. Si l'annonceur veut que le consommateur reconnaisse sa barre chocolatée quand il est à l'intérieur du magasin et décide de l'acheter, l'agence centrera sa campagne sur la reconnaissance.

L'attitude vis-à-vis de la marque

L'attitude du consommateur vis-à-vis d'une marque est un mélange complexe de suppositions et de perceptions plus ou moins subjectives. Différentes stratégies permettent d'influer sur l'attitude des consommateurs, comme associer le produit à une célébrité crédible, comme l'ont fait les chips Walkers avec Gary Lineker, ou associer la publicité et le sponsoring à l'échelle mondiale, comme l'a fait Mastercard.

Utilisation de la marque

Il existe des stratégies pour encourager le consommateur à utiliser davantage une marque, comme la lui présenter dans différents contextes à différents moments de la journée. Ainsi Special K de Kellog's a lancé une campagne suggérant qu'un bol de céréales au petit déjeuner et à midi permet de perdre du poids. Le résultat a été une augmentation des ventes et un positionnement du produit comme « bon pour la santé ».

Le rôle du média planneur consiste à trouver le support le plus approprié en fonction du public ciblé. La publicité n'est efficace que si elle atteint le segment qu'elle cherche à atteindre. La meilleure stratégie publicitaire du monde restera sans effet si elle n'est pas présentée sur le support approprié.

Are you a noodlehead? (Avez-vous une tête de nouille ? ; ci-dessus et page ci-contre)

Ici le message est que Super Noodles peut accompagner toute sorte de plats. Il est parfois nécessaire de rappeler aux consommateurs qu'ils peuvent utiliser un certain type de produit et de les inciter à acheter plus en leur en suggérant diverses utilisations.

Annonceur : Campbell's / Produit : Super Noodles de Batchelor / Agence : Delaney Lund Knox Warren & Partners / Rédacteur : James Hodge / Directeur artistique : Richard Fox / Photographe : Mark Polyblank

Comment y arriver ?

À cette étape du processus de planification l'intervention de l'agence apporte clairement de la valeur ajoutée au projet du client. À partir des informations recueillies sur le marché cible, les média planneurs vont concevoir une stratégie publicitaire basée sur quatre points clés.

Les besoins en produits nouveaux

Il arrive que des annonceurs lancent de nouveaux produits qui n'appartiennent à aucune catégorie de produits ou services déjà existants. C'est une occasion en or, mais le fabriquant doit non seulement faire connaître son produit, mais expliquer au public quels en sont les avantages afin de l'amener à se demander s'il répond à ses besoins. Les sachets de thé lancés par Tetley en 1963 offrent un bon exemple de ce type d'initiative. Totalement inédits à l'époque, Tetley a dû faire de la publicité à la fois pour faire connaître les sachets de thé et pour promouvoir sa marque.

Y sommes-nous arrivés?

L'évaluation des retombées d'une campagne publicitaire donne toujours lieu à des discussions sans fin. Impatients de récolter les bénéfices d'une campagne publicitaire, les annonceurs proposent parfois de rémunérer les agences sur la base de l'efficacité. Les agences reconnaissent volontiers la nécessité d'obtenir des résultats, mais n'adhèrent pas forcément à l'idée selon laquelle le but de la publicité est de vendre. Elles considèrent les campagnes de communication comme des investissements à long terme et non comme des « coups de pub » permettant de booster temporairement les ventes.

La reconnaissance de la marque est souvent prise comme un critère d'évaluation et fait l'objet de sondages avant et après la campagne. Toutefois, connaître une marque ne signifie pas nécessairement l'acheter. La relation entre la perception d'une marque et son utilisation par le consommateur est un critère important.

De nombreuses marques sont présentes sur le marché depuis des années. La publicité a pour mission de le rappeler au public et d'essayer de le fidéliser. Dans ce cas, le volume des ventes peut être un critère d'efficacité – une campagne qui marche va permettre de maintenir, sinon d'accroître, le niveau des ventes, et en tout état de cause d'éviter que celui-ci ne chute.

La planification d'une campagne est un processus cyclique dont l'évaluation finale servira de tremplin pour la phase suivante. Une stratégie efficace a toutes les chances d'être appliquée à nouveau sous une forme ou une autre dans la campagne suivante.

LE BRIEF CRÉATIF

Le rôle du brief

Le chef de publicité et le média planneur vont transformer le brief client en un brief créatif. Ensemble ils vont développer une stratégie en se basant sur les informations que leur a fournies l'annonceur ainsi que sur des études de marché complémentaires. Les différentes phases de la stratégie de communication sont ensuite exposées dans un document soumis à l'approbation du client.

À ce stade du processus créatif, le brief constitue un point d'ancrage essentiel. Il a plusieurs fonctions, toutes d'égale importance. Primo, il fournit à l'équipe créative une solide base d'informations concernant l'annonceur, la marque, le produit ou le service, le marché et le public visés. Secundo, il clarifie les objectifs de la campagne de communication en exposant les points clés ; en mettant l'accent sur le message publicitaire ou « proposition ». Tertio, c'est un outil qui va permettre à l'équipe de formaliser certains critères et objectifs spécifiques d'une façon qui soit compréhensible tant pour le client que pour l'agence afin de parvenir à un accord.

Présentation du brief

Un bon brief doit être rédigé d'une façon qui stimule la créativité et l'originalité. Il peut suggérer certaines pistes que l'équipe créative souhaiterait explorer, ou bien contenir des « mises en bouche » créatives ou encore des bribes d'information permettant d'envisager la problématique sous un angle différent. Il permet à l'agence de valider la cohérence de sa stratégie et de ses solutions et de s'assurer que les desiderata du client ont été respectés. Quelle que soit la forme qu'il revêt, le brief doit satisfaire cinq conditions :

Ouvrir le dialogue
Le brief créatif est le point charnière entre le processus stratégique et le processus créatif. En tant que tel, il doit favoriser le dialogue entre les différentes parties en leur procurant autant d'informations que possible et en les invitant au débat et à l'exploration de pistes alternatives.

Avoir un point de mire
Le brief créatif comporte deux questions clés : « Que voulez-vous dire ? » et « À qui voulez-vous le dire ? ». Les réponses à ces questions permettront à l'équipe d'ancrer solidement ses concepts afin d'éviter le hors-sujet. Cependant, le brief ne doit pas brider la créativité, mais au contraire la guider dans la bonne direction. C'est pourquoi il doit être rédigé d'une façon rigoureuse, mais non restrictive.

Le brief comme contrat
Le brief créatif est une déclaration d'intention. Il donne à l'agence et à son client un point de référence commun quant aux objectifs à atteindre, le support choisi, le ton du message, le message et le public ciblé. Il devra être approuvé par le client avant que l'équipe ne se mette au travail.

Critères d'appréciation
Le brief doit énoncer clairement les objectifs et les attentes de l'annonceur. Ainsi, toutes les idées et les concepts émanant de l'équipe créative pourront être évalués selon une liste préétablie de critères pour s'assurer qu'ils sont conformes au cahier des charges. Ainsi, lorsqu'elle présentera ses solutions au client, l'agence pourra s'appuyer sur le brief pour lui démontrer que ses exigences ont été respectées.

Et enfin...

Le brief doit servir de cadre à l'habillage créatif, tout en laissant à l'équipe une marge de manœuvre suffisante pour pouvoir exercer sa créativité. Il est indispensable que les concepteurs puissent appréhender la marque librement afin d'en découvrir certains aspects qui auront peut-être échappé à l'annonceur qui, bien que mieux informé, aura peut-être tendance à les prendre comme allant de soi. Le brief doit procurer toutes les informations susceptibles d'aider l'équipe dans son travail sans pour autant lui imposer une marche à suivre.

One sock (Une chaussette)
First Direct a reçu le prix Silver DMA de la créativité en 2005 pour ce pack publicitaire. Pour encourager les clients à changer de banques en leur montrant combien ils sont attentionnés, ils ont envoyés à des prospects une chaussette noire pour pouvoir remplacer celle inévitablement égarée après le passage à la machine.

Annonceur : First Direct / Agence : Craik Jones Watson Mitchell Voelkel / Équipe artistique : Rebecca Rae, Olu Falola, Caroline Parkes, Annabel Wright, Louise MacLean

À vous de jouer !

Imaginez que vous êtes une marque. Écrivez un brief sur vous-même.

Vous devez cibler un public et définir vos objectifs. Voulez-vous décrocher un boulot ? Une place dans un stage ? Monter une affaire ? Une fois vos objectifs définis, efforcez-vous de trouver la meilleure stratégie en décidant du rôle que vous souhaitez accorder à la publicité. Vous êtes maintenant prêt à écrire un brief créatif. N'oubliez pas de rester rigoureux en vous centrant sur une proposition claire : quel message voudriez-vous faire passer à votre public et que voulez-vous qu'il retienne de votre publicité ?

L'élaboration du brief

Avant de passer à la phase créative, il convient de définir les objectifs de la campagne de communication et la stratégie permettant de les atteindre. Souvenez-vous que le support médiatique ne représente qu'une partie de la stratégie de communication qui elle-même fait partie d'une stratégie marketing globale. C'est pourquoi il convient d'examiner en détail cette stratégie marketing avant de passer à l'élaboration du brief.

Pour qu'une campagne de communication marche, il faut impérativement identifier le public visé et savoir ce qu'on va lui dire. Pour répondre à ces questions, le responsable clientèle va analyser le « cycle de planification » (voir la rubrique « Le cycle de planification d'une campagne », p. 78). Ce cycle comprend une analyse sectorielle du marché visé, la position actuelle de la marque sur ce marché et sa future position possible, et par quels moyens.

www.shepherdneame.co.uk

The **BOTTLE** *of* **BRITAIN**

À qui vous adressez-vous ?

Le plan marketing va définir le public cible en termes purement socio-démographiques, par exemple « femmes mariées entre 30 et 50 ans ». C'est à l'équipe du service clientèle qu'incombe la responsabilité de transposer ce profil démographique en un portrait plus vivant auquel les créatifs vont devoir s'adresser. Par exemple, cette description du public ciblé peut-être : « femmes mariées entre 30 et 50 ans qui aimeraient acheter cette marque, mais qui ont toujours pensé qu'elles ne pouvaient pas se le permettre financièrement. Elles la trouvent moderne et chic et leurs amies sont également impressionnées par la marque et ce qu'elle représente. »

The bottle of Britain (La bouteille de Grande-Bretagne)
Cette série d'affiches et de bannières publicitaires sait exactement à qui elle s'adresse comme en témoigne le ton employé.

Annonceur : Bière Spitfire Shepherd Neame / Agence : RPM3 / Chef de publicité : Russell Wailes / Équipe créative : Ian Pittams et Denis Williams

Quel message faire passer?

Ce que vous voulez dire au sujet de la marque est primordial. Ce n'est que lorsque vous aurez décidé du message à faire passer que vous pourrez envisager la façon de le dire. Il y a peut-être un tas de choses que vous aimeriez dire au sujet de cette marque, ce produit, ce service, tout en faisant ressortir ses qualités, mais l'équipe de concepteurs doit savoir se restreindre pour ne garder que l'élément qui va permettre d'atteindre les objectifs fixés. En dire trop risque de diluer ou d'affaiblir la portée du message. En restant centrée, l'équipe aura plus de chances de développer un message « porteur », c'est-à-dire qui puisse s'appliquer efficacement à une vaste gamme de médias. Plus le message à faire passer sera clair, plus le dialogue sera fructueux entre les chefs de publicité et l'équipe créative. Cependant, c'est à l'équipe créative qu'incombe la responsabilité de transformer la proposition de départ en concept commercial.

Dyson et Smart
Quelques marques ont un argument clé bien à elles, mais le libre accès à la technologie fait qu'elles sont très vite rattrapées par leurs concurrentes.

Courtesy Dyson Ltd. et DaimlerChrysler UK Ltd.

L'argument clé de vente

C'est la chose la plus importante tant aux yeux de l'agence que de l'annonceur. Rosser Reeves, de l'agence Ted Bates, a développé le concept de clé de vente dans les années 1950. Le principe était que chaque marque possède un trait spécifique qui la différencie de ses concurrentes. Cet élément peut être transformé en avantage et utilisé pour vendre la marque.

Cependant, si l'argument clé était un outil efficace pour de nombreuses marques dans les années 1950 et 1960, de nos jours les marques réellement uniques, au sens traditionnel, sont devenues rares. À l'heure actuelle, elles ont toutes tendance à se valoir au plan de la qualité, de la performance et des caractéristiques techniques (dans ces cas-là, on parle de « marché convergent »). Pour autant, cela n'empêche nullement la marque de développer une « personnalité » forte et différente de celle de ses concurrentes. C'est au marketing, au design et à la publicité qu'il revient de construire cette identité qui va permettre à la marque de se différencier tout en restant fidèle à elle-même. La raison qui pousse un consommateur à acheter telle marque plutôt que telle autre est bien souvent subjective, basée sur les émotions, les sentiments, le vécu, et non pas rationnelle et basée sur des critères objectifs d'efficacité ou de qualité.

Argument émotionnel de vente

Le concept d'argument clé a été largement remplacé par un autre principe, que John Bartle, directeur général de Bartle Bogle Hegarty, a appelé « argument émotionnel de vente ». Par exemple, quand Mr Kipling proclame que sa marque fabrique « des gâteaux exquis », toute une série d'images, de mots, d'associations d'idées, de sons qui sont censés faire appel à nos émotions, viennent renforcer cette affirmation. Il serait difficile de prouver que les gâteaux de Mr Kipling sont meilleurs que ceux des autres marques dominantes du marché, mais la publicité déclenche un engagement émotionnel chez le consommateur et, ce faisant, établit un lien personnel entre lui et la marque.

En absence d'argument clé inhérent à la marque, c'est l'argument émotionnel créé par la campagne publicitaire et le marketing qui va faire ressortir sa spécificité. Au cœur de l'argument émotionnel on trouve « la sincérité », un aspect fréquemment retrouvé dans les études de marché. La sincérité de la marque peut être appréciée lorsque, par exemple, les consommateurs se disent rajeunis ou plus confiants grâce à elle, et qu'ils sont persuadés que la marque incarne la qualité et qu'elle a meilleur goût que ses concurrents… Exprimer cette pensée de façon originale et inattendue est la clé d'une campagne réussie.

Trouver quelque chose de différent à dire à propos d'une marque dans un marché concurrentiel où tous les produits ont le même goût, le même aspect et le même prix, est un réel défi pour le créatif. La marque Tango n'avait pas trouvé grand-chose à dire pour se différencier des autres sodas. Jusqu'au jour où elle a fait appel à l'agence HHCL, qui a renversé la situation. La stratégie choisie par l'agence fut de créer une campagne qui s'apparentait davantage à une publicité pour la bière que pour une boisson gazeuse. Le résultat a été totalement innovant et surprenant. La première vague de spots TV pour Tango mettait en scène un type chauve et bedonnant s'approchant subrepticement d'un buveur de Tango et le giflant en pleine face. La suggestion symbolique selon laquelle « Tango vous donne un coup de fouet » n'a peut-être pas été perçue par tous les téléspectateurs, mais elle n'en a pas moins marqué les esprits par sa nouveauté et aidé ainsi Tango à se démarquer de ses concurrents. Le conditionnement de la boisson reflétait fidèlement la conception qu'Al Young (ex-directeur artistique de HHCL) avait de cette campagne : « Trouver le détail qui cloche bien. »

Trouver un message original suppose du courage tant de la part de l'annonceur que de l'agence. On ne peut jamais prévoir quel sera l'impact d'une idée originale n'ayant jamais été testée. Comme Al Young le fait si bien remarquer : « Quand on essaie de faire quelque chose d'original, on n'a aucune garantie de résultat, il y a toujours un risque de se planter. Parfois il arrive que vous trouviez le détail qui cloche vraiment. »

Tango

Ce qui va faire la différence, ce n'est pas ce que vous dites, mais comment vous le dites. Dans un marché de forte convergence, c'est la seule façon de différencier une marque de ses concurrents.

Courtesy Britvic Soft Drinks Ltd.

Le contenu du brief

Le brief créatif doit être rédigé de façon claire en évitant le jargon « marketing ». Bien que le format varie d'une agence à l'autre, l'information qu'il contient y est généralement exposée en neuf points clés.

Les objectifs

Cette partie a pour but de définir précisément quels sont les objectifs de la campagne. Veut-on doper les ventes ou faire connaître la marque, informer ou sensibiliser le public, susciter une réaction ou modifier les comportements ? Est-ce une campagne de recrutement, une enquête de marché ou une tactique pour éveiller l'intérêt des consommateurs ? Quels que soient les objectifs, il est important de les énoncer clairement afin que chacun sache précisément ce qu'on attend de lui.

Le ciblage

Dans cette partie, l'agence définit le type de personnes visées par la campagne en donnant des renseignements relatifs à leur personnalité et à leur comportement : mode de vie, centres d'intérêt, passe-temps, croyances, catégorie socio-professionnelle, projets. Ce volet peut s'avérer complexe si le public est très hétérogène, mais il est néanmoins primordial pour pouvoir apporter les solutions appropriées.

La présentation du contexte

Elle permet à l'équipe créative de se familiariser avec la marque, le produit ou le service. Elle peut également inclure des données ayant trait à des campagnes publicitaires passées ou actuelles, la situation du marché, les concurrents et la popularité de la marque. Enfin, elle doit définir les grandes lignes de la problématique de communication.

VIOLENT FATHER   VIOLENT MOTHER

HOMELESSNESS STARTS AT HOME. DONATIONS START HERE. DEPAUL TRUST
WWW.DEPAULTRUST.ORG

Script écrit (page ci-contre) et réalisé (ci-dessus) pour la Fondation Depaul Trust

Cette campagne signée Publicis met en scène de façon spectaculaire les causes profondes de la marginalité, donnant ainsi aux Londoniens une bonne raison de faire des dons à la fondation.

Annonceur : Depaul Trust / Agence : Publicis UK / Chef de publicité : Nik Studzinski / Directeurs artistiques et rédacteurs : Andrew Petch et Cameron Blackley / Photographe : Ernst Fischer

La proposition

Il s'agit du message proprement dit, que certaines agences définissent comme : « La chose dont vous voulez que le public se souvienne quand il aura vu votre publicité. » La proposition doit être énergique et claire. Elle doit donner au lecteur ou au spectateur une bonne raison d'acheter le produit ou le service de l'annonceur.

Certaines particularités peuvent être mises à profit pour vendre une marque, mais l'agence doit d'abord décider laquelle de ces particularités est la plus importante ; celle qui est le plus susceptible d'intéresser le public ciblé. Un concepteur chevronné avait coutume d'illustrer cette idée en jetant une balle de tennis aux étudiants qui suivaient ses cours ou ses séminaires. Invariablement, l'un des étudiants présents rattrapait la balle et la lui lançait à nouveau. Le concepteur donnait alors l'ordre à l'élève d'attraper à nouveau la balle. Mais cette fois, il lançait plusieurs balles à la fois à l'étudiant, qui n'en attrapait qu'une. « Quand on veut faire passer trop d'informations, on court le risque de n'en faire passer aucune. » Et pour tout dire, dans un monde où les citoyens sont exposés à des milliers de messages publicitaires chaque jour, le message publicitaire doit faire « du tapage » pour se faire remarquer. Il y a plus de chances pour que le public se souvienne d'une bonne raison d'acheter un produit, plutôt que d'une longue liste vantant les qualités dudit produit.

Spiderman (ci-dessus et ci-contre)

Cette publicité pour les pâtes Spiderman a été publiée dans des magazines défendant les droits des consommateurs.

Annonceur : Heinz / Agence : Leo Burnett / Directeurs artistiques et rédacteurs : Nick Pringle et Clark Edwards / Photographe : Kelvin Murray

Quelle réaction attendez-vous du public ?

Cette information ne figure pas obligatoirement dans la liste des objectifs recherchés. Globalement, elle sert à préciser ce que l'on veut que le public pense ou fasse après avoir été exposé à la campagne.

Support/justification

Il s'agit des raisons qui vont amener le public à croire le message qui lui est adressé. C'est en quelque sorte la preuve qui vient renforcer le message publicitaire. Que ce soit la promesse que telle lessive lave mieux ou que tel opérateur offre l'abonnement le moins cher, il faut que le public ait de bonnes raisons de la croire. Le support peut prendre la forme de données techniques ou chiffrées relatives aux performances du produit, à la popularité de la marque, à la façon dont elle est perçue par le public, comment elle se situe face à ses concurrents. Son but est de parvenir à convaincre le consommateur même le plus sceptique. Il incombe à l'équipe créative de formuler cette information d'une façon qui soit à la fois originale, marquante et convaincante.

Le ton de l'annonce

L'atmosphère générale qui se dégage de la publicité peut-être humoristique, légère, distrayante, sérieuse, autoritaire, assurée ou cultivée. Il y a quantité de tonalités différentes qui peuvent être utilisées afin de souligner tel ou tel aspect de la marque et d'établir une relation avec le consommateur.

Choix du support

Il convient de faire des propositions de supports en adéquation avec le message que vous voulez adresser au public ciblé. Cela va de la presse écrite aux affiches en passant par la radio ou la télévision et les bannières promotionnelles sur Internet. Cette partie du brief fera état du choix et de la taille du ou des supports retenus.

Obligations

C'est une sorte de cahier des charges énonçant les éléments qui devront figurer dans les annonces-presse ou les spots publicitaires, tels que logos, slogans, adresses Internet, numéros de téléphone ou mentions légales. L'image de marque du client ou de l'enseigne doit également être prise en compte. Les polices de caractères, couleurs, images, et de façon générale tout ce qui se rapporte à l'allure et au style de la publicité, peuvent faire l'objet d'une clause spéciale.

À vous de jouer !

Jetez un coup d'œil aux publicités ci-contre et essayez de deviner les points clés figurant dans le brief. Puis répondez aux questions suivantes :

1. À qui la publicité s'adresse-t-elle ?

2. Quelle réponse/réaction cherche-t-elle à susciter chez le public ?

3. Quel en est le message ?

4. Quels en sont les objectifs ?

5. Quel est le ton employé ?

LE CONCEPT CRÉATIF

L'équipe créative

Le concept créatif est au cœur d'une campagne publicitaire réussie. C'est aux membres de l'équipe créative qu'il revient de trouver un concept original ainsi qu'un choix d'idées pour accompagner ce concept. Les meilleures équipes sont celles qui savent être à la fois originales et prolixes. Autrement dit, il ne suffit pas d'avoir une idée nouvelle… il faut en avoir des tas !

Chaque équipe créative va employer sa propre méthode pour trouver des idées. Et bien qu'il n'existe pas de recette miracle, il y a des trucs qui peuvent aider à stimuler l'imagination.

Ce chapitre contient des conseils, des trucs et astuces pour vous aider à passer du brief au concept, c'est-à-dire à trouver des idées, puis à les visualiser et enfin à écrire les légendes et les slogans destinés à les accompagner comme si vous faisiez partie d'une équipe créative.

Que fait l'équipe créative ?

Elle a pour mission de trouver les éléments créatifs, les concepts et les messages publicitaires à partir du brief que lui ont fourni le média planneur et le chef de publicité. Elle comporte traditionnellement un directeur artistique et un rédacteur. Ce modèle a vu le jour dans les années 1960 sous l'impulsion de l'agence Doyle Dane Bernbach et s'est imposé depuis comme la norme.

Dans les agences de communication modernes, les membres de l'équipe se doivent d'être des gens inventifs, capables d'apporter des solutions aux demandes des annonceurs. Cela suppose de bien connaître le comportement des consommateurs et les différents supports de diffusion accessibles à l'annonceur afin de toucher un public parfois hétéroclite.

De nos jours, au sein de l'équipe les rôles ont tendance à se mélanger. Ainsi le directeur artistique est tout aussi capable de trouver un slogan que le rédacteur un visuel. Une équipe débutante devra tirer le meilleur parti des capacités de chacun pour rédiger de bons slogans et mettre à profit ses talents de graphiste, de designer. La polyvalence est un atout pour ceux qui travaillent en freelance ou pour de petites agences au sein desquelles les tâches incombant aux créatifs sont nombreuses.

Équipe créative

Chris Spore et Nick Cooper ont formé un tandem alors qu'ils étaient étudiants à l'université. Une fois leur diplôme en poche, et après avoir cherché du travail pendant plus d'un an, ils se sont vu offrir un poste chez DM Rapp Collins. Depuis lors, ils travaillent régulièrement pour des annonceurs comme Wanadoo et NSPCC.

Qualités d'une bonne équipe créative

« La toute première est de bien s'entendre. On doit s'intéresser au travail que l'on fait et s'efforcer d'être original. »
Dan Warner, rédacteur chez Rayney, Kelly, Campbell, Roalfe/Y&R

Les équipes créatives qui réussissent le mieux sont celles qui ont une passion commune pour la publicité et le désir de ne produire que du travail de grande qualité. Ce désir de réussir suppose bien souvent de plancher ensemble pendant de longues heures sur des briefs complexes. Il est donc impératif que l'équipe soit soudée et qu'elle ait un bon sens de l'humour. Dans une agence, tout le travail des créatifs doit être approuvé par le chef de publicité avant d'être présenté au client, ce qui veut dire que de nombreuses idées seront rejetées ou remises à l'étude. Il est important de savoir prendre les critiques d'une façon constructive afin d'améliorer la qualité de la production.

Les équipes créatives sont souvent comparées à des pies qui entassent des idées, des images, des coupures de magazines et tout ce qui pourra servir à stimuler l'inspiration un jour ou l'autre. Dean Iqbal, directeur artistique chez Rainey Kelly Campbell Roalfe/Y&R, estime que c'est très important : « Faire des "choses nouvelles" suppose de garder l'œil ouvert. » Aller au cinéma, au théâtre, au musée, écouter de la musique pop, classique, jazz, peut vous inspirer une affiche ou une bande son pour un spot télévisé. Lire toutes sortes de journaux, de magazines et de BD vous apprend à comprendre comment pensent et se comportent les gens appartenant à des tranches d'âge et à des classes sociales différentes.

Maureen 118212 (ci-dessous)

Simon Cenamor et son co-équipier Raymond Chan se sont rencontrés à « l'école d'art » de Graham Fink, à l'occasion d'un séminaire consacré aux équipes créatives. Après avoir planché ensemble pendant trois mois sur différents briefs, ils ont réussi à entrer chez Leith London. Depuis lors ils ont réalisé des campagnes pour les pizzas Goodfella, l'affiche du Donjon d'Edimbourg et celle de Maureen 118212 présentée ici.

Annonceur : 118212 (Maureen) / Agence : Leith London / Directeur artistique : Raymond Chan / Rédacteur : Simon Cenamor

Recherche et familiarisation

La façon dont est rédigé un brief et son contenu peuvent vous aider à trouver des idées tout en vous procurant un cadre vous permettant d'atteindre vos objectifs – à qui vous adressez-vous, quel message voulez-vous faire passer, et quel type de réponse attendez-vous? Il est conseillé de revenir de temps à autre au brief durant le processus créatif pour s'assurer que l'on est toujours sur la bonne voie. Quand on sent que l'on a une bonne idée, on se laisse facilement emporter par l'enthousiasme et on a tendance à perdre de vue les objectifs de la campagne.

Une bonne préparation durant la phase initiale du projet est la meilleure façon de trouver de bonnes idées. Cette préparation suppose de récolter le plus d'informations possible sur le produit (ou service) ainsi que sur les parties en présence, que ce soit le fabricant du produit ou les consommateurs. Simultanément, il faut vous familiariser avec le produit; aller à l'usine où il est fabriqué, parler aux gens qui le fabriquent, qui le vendent ou qui l'utilisent. Essayez-le vous-même et testez ses limites. Ce n'est qu'alors que vous pourrez réellement commencer à en parler à un public de consommateurs.

Astuces et faits intéressants

Le dicton selon lequel « les faits font vendre, pas les généralités » est vrai. Vous allez devoir découvrir des faits relatifs au produit ou au service qui vous seront utiles pour concevoir votre message. Pour être intéressants, ces faits doivent être méconnus du public. Parfois il ne s'agit que de détails mineurs que personne n'a jamais remarqués, mais qui, lorsqu'on les met en lumière, permettent de faire passer le message publicitaire d'une façon inédite, inattendue et efficace.

Dans les années 1960, Rolls Royce voulait que ses clients potentiels sachent combien le moteur d'une Rolls était silencieux. Ils ont fait circuler des publicités dont la légende était : « À 60 miles à l'heure, le seul bruit que l'on entend dans cette nouvelle Rolls Royce est le tic tac de la pendule électrique. » La publicité aurait pu ne montrer qu'une voiture avec le slogan : « On ne fait pas plus silencieux », mais quelle platitude !

À peu près à la même époque, le fabriquant a fait une campagne décrivant les différentes étapes de fabrication d'une Rolls. C'était l'occasion de montrer des photos de la voiture prises sous des angles nouveaux, et infiniment plus intéressantes que les clichés classiques montrant l'assemblage d'une automobile. L'une d'elles montrait un homme en costume montant dans le coffre de la voiture avec comme légende : « Pourquoi ? ». Le reste du texte révélait que le travail de cet homme consistait à voyager à l'intérieur du coffre pour détecter les éventuels bruits anormaux. Non seulement, il s'agissait d'un fait intéressant découvert après investigation sur le lieu de fabrication, mais c'était une façon totalement inédite de présenter les efforts que faisait le fabriquant pour offrir à ses clients un produit de qualité.

La surprise créée par le slogan ou l'image est ce qui va faire connaître la marque et la graver dans les mémoires.

Appréhendez le public

Souvenez-vous que vous ne devez pas connaître seulement le produit. Vous devez connaître également le public ciblé. Et cette connaissance va bien au-delà de simples données telles que l'âge, le sexe, le statut social, etc. Cela englobe des considérations comme : comment s'exprime-t-il, quelles sont ses préoccupations, ses opinions, ses convictions (sur le produit et la vie en général), quels sont ses besoins et ses aspirations, comment vit-il et comment voudrait-il vivre ? Il se peut qu'une partie de ces informations soit déjà contenue dans le brief, mais vous devrez vous charger de découvrir le reste vous-même. Ce ne sera peut-être pas une tâche facile, en particulier s'il s'agit d'un public avec qui vous n'avez jamais ou peu eu de contacts jusqu'à ce jour.

Si vous pouvez, tâchez de concentrer vos observations sur une personne appartenant au groupe visé et que vous connaissez personnellement. Comment parlez-vous quand vous vous adressez à elle ? Quels sont ses centres d'intérêt ? Comment pouvez-vous capter son attention et son imagination ? Dans un sens, vous devriez raisonner en termes d'individu plutôt que de groupe. De cette façon, vous aurez plus de chances de vous adresser de façon plus personnelle au public. Dans certains cas, vous allez devoir aller encore plus loin et développer une véritable empathie avec votre public. Dans la mesure du possible, efforcez-vous de vous mettre à sa place pour considérer le produit que vous cherchez à promouvoir. Ce n'est que lorsque vous arriverez à convaincre votre public que vous comprenez son point de vue et ses problèmes qu'il commencera à être à l'écoute de ce que vous lui direz.

La sclérose en plaque
Une bonne connaissance du problème et une façon intéressante et pertinente de l'évoquer constituent la clé du succès de cette campagne de sensibilisation.

Annonceur : MS Society / Agence : Saatchi & Saatchi / Directeur artistique : Colin Jones / Rédacteur : Michael Campbell

Trouver des idées

Il est indispensable que le message publicitaire soit clair et précis. Efforcez-vous d'être objectif lorsque vous jugez vos idées et écoutez ce que les autres ont à en dire. Les idées les meilleures sont non seulement originales et conformes au brief, mais elles sont exploitables et comportent un concept ou thème central qui peut s'adapter à différents supports. Souvent, les meilleures idées sont les plus simples. En fait, la meilleure de vos idées est si simple que vous vous demandez pourquoi elle n'a pas déjà été utilisée.

Avoir une bonne idée, suppose d'en avoir des tas parmi lesquelles choisir la meilleure. Plus vous en aurez, plus vous aurez de chances de « décrocher la timbale ». La quantité c'est la qualité, alors lâchez-vous, ne préjugez pas de vos idées, mais laissez-les au contraire venir ! Les idées délirantes ne seront peut-être pas exploitables comme telles, mais elles vous serviront de tremplin pour en trouver d'autres et vous aideront à voir les choses sous un jour différent.

Envisager la créativité avec un œil neuf est indispensable quand on cherche un concept permettant de présenter un produit d'une façon originale et marquante. Il n'est pas impossible que votre première idée soit la meilleure, mais mieux vaut ne pas trop y compter. Quand vous avez une bonne idée dès le départ, mettez-la de côté et continuez de chercher jusqu'à en avoir plusieurs. Ce n'est qu'ensuite que vous pourrez faire un tri et choisir. Surtout gardez la tête froide. À trop se laisser aller à l'enthousiasme, on risque de perdre de vue les objectifs du brief et de faire chou blanc. Une fois toutes ces merveilleuses idées récoltées, et seulement à ce moment-là, faites le point et voyez si elles coïncident avec les exigences du brief.

This is what happens when a fly lands on your food.
Flies can't eat solid food, so to soften it up they vomit on it. Then they stamp the vomit in until it's a liquid, usually stamping in a few germs for good measure. Then when it's good and runny they suck it all back again, probably dropping some excrement at the same time. And then, when they've finished eating, it's your turn.

Cover food. Cover eating and drinking utensils. Cover dustbins.
The Health Education Council

L'effet de surprise

Comprendre le public et s'identifier à lui est important à plusieurs égards. Si vous pouvez comprendre comment il pense, et ce qui peut déclencher une réaction ou une réponse de sa part, vous pouvez vous en servir pour créer la surprise. Un trait commun à tous les bons concepts est l'effet de surprise, depuis le ton et le style employés jusqu'aux métaphores visuelles et aux images qui ne sont généralement pas associées avec cette catégorie de produit. Ce peut être, par exemple, présenter une scène ou un événement familiers d'une façon inattendue. Quoi qu'il en soit, pour intégrer cet élément à votre concept, vous devez savoir ce à quoi s'attend votre public.

Que se passe-t-il quand une mouche se pose dans votre assiette ? (page ci-contre)

En faisant des recherches approfondies sur le domaine d'activité de leurs clients, les rédacteurs découvrent des faits intéressants qui peuvent servir de point de départ à un concept publicitaire. L'idée de cette affiche imaginée dans les années 1970 pour le ministère de la Santé par un certain débutant du nom de Charles Saatchi, fut inspirée par la lecture d'une étude réalisée par les pouvoirs publics.

Annonceur : The Health Education Council (RU) / Agence : Saatchi & Saatchi / Directeur artistique : John Hegarty / Rédacteurs : Charles Saatchi et Michael Coughlan / Droits de reproduction : Click-Use Licence

Impact de balle (ci-dessus)

L'impact de balle qui traverse de part en part le magazine *Vibe* donne concrètement une idée du nombre de personnes victimes d'armes à feu. Distribuée dans les salons de coiffure de certains quartiers de Londres dans le cadre de l'opération Trident, cette publicité a contribué à limiter le nombre de crimes par balle dans la communauté noire londonienne.

Annonceur : Metropolitan Police Services / Agence : Miles Calcraft Briginshaw Duffy / Directeur artistique : Dave Hobbs / Rédacteur : Richard Stoney / Typographe : Kerry Roper / Chefs de publicité : Paul Briginshaw, Malcolm Duffy
Courtesy D&AD Global Awards (Mailing direct, foncions publiques et œuvres de charité : médaille d'argent, 2005)

la bétonnière *(feminine)*
cement mixer

THE LYNX EFFECT

la brouette *(feminine)*
wheelbarrow

THE LYNX EFFECT

La bétonnière. La brouette.
Ces publicités pleines de verve
surréaliste semblent au premier
coup d'œil trop sophistiquées
pour le public visé.

Annonceur : Lynx / Agence :
Bartle Bogle Hegarty UK /
Producteur : Nik Upton /
Photographe : Malcolm Venville /
Équipe artistique : Rosie Arnold,
Dave Monk, Matt Waller

Le comique

Ce n'est pas un hasard si les publicités les plus efficaces et les plus marquantes s'appuient sur l'humour pour faire passer leur message. Et quand il s'agit d'établir le contact avec le public, rien de tel qu'un comique de one man show. Celui-ci connaît si bien son auditoire qu'il est capable d'orienter ses pensées dans une direction donnée, avant de lancer la réplique inattendue qui déclenche le rire. De la même façon, un slogan ou un visuel publicitaire inattendu crée un effet de surprise suivi d'une prise de conscience.

Apprenez à observer

Regardez comment les gens réagissent dans certaines situations. Efforcez-vous de comprendre comment et pourquoi certains détails, événements ou expériences déclenchent des émotions telles que la joie, la tristesse, la peur, le dégoût, le désespoir ou l'envie et vous découvrirez la façon de déclencher la réaction souhaitée chez le public. Vous pouvez puiser dans votre propre expérience. L'expérience partagée est souvent un bon moyen de communiquer avec les autres en leur montrant que vous les comprenez. « Oui, il m'arrive d'éprouver la même chose que vous », et ainsi les ponts sont jetés.

Photomaton (ci-dessus)

Ce gag, qui prend place dans une cabine automatique, reproduit un scénario hilarant bien connu de tous. Le flash se déclenche toujours au mauvais moment – quand vous regardez ailleurs ou que vous avez les yeux fermés ! Ce spot a été conçu pour la célèbre campagne « Happiness is a cigar called Hamlet ».

Annonceur : Hamlet / Agence : CDP-Travissully / Réalisateur : Graham Rose / Équipe artistique : Rowan Dean, Philip Differ, Garry Horner (avec l'aimable autorisation de CDP-Travissully)

Isn't it time you got your own place? (N'est-il pas grand temps que tu te trouves un appartement ; à droite)

L'observation de gestes et événements quotidiens vous aidera à faire passer votre message de façon inattendue et amusante.

Annonceur : Independent Newspapers (Saturday Star property guide) / Agence : TBWA Hunt Lascaris / Chef de publicité : Tony Granger / Directeurs artistiques et rédacteurs : Mariana O'Kelly et Frances Luckin / Photographe : Jakob Doman / Typographe : Mariana O'Kelly

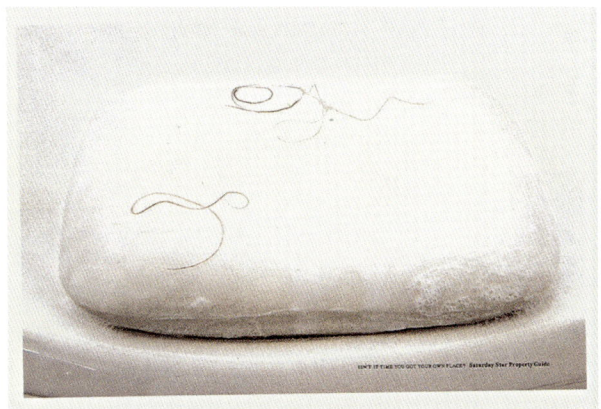

Tenez un carnet de bord

Prenez l'habitude de noter toutes les observations, idées, découvertes qui peuvent vous être utiles. Même si elles ne sont pas exploitables immédiatement, le fait que vous les ayez remarquées laisse supposer que quelqu'un peut les trouver intéressantes. Votre « carnet à idées » pourra devenir une source d'inspiration où puiser des stimuli quand vous plancherez sur un projet ou un brief publicitaire.

Faites le plein d'idées

Bien souvent, nos premières idées sont les meilleures. Mais si bonne soit-elle, une idée ne doit pas vous empêcher d'en avoir une autre encore meilleure. Quand une idée vous vient, engrangez-la, et passez à la suivante ! Ainsi vous aurez un réservoir à idées bien fourni dans lequel puiser le moment venu. Il est facile de tomber amoureux de sa première idée, en particulier quand elle vous a demandé beaucoup de temps et de matière grise. La capacité à explorer différentes pistes et approches, sans se laisser enfermer dans un seul concept, est la marque d'un vrai créatif.

Carnet à idées

Nombreux sont les créatifs à tenir des carnets de bord dans lesquels ils notent toutes les observations et pensées susceptibles de leur servir plus tard.

Testez vos idées

Lorsque vous aurez engrangé différentes idées, jugez-les objectivement. Une fois de plus, votre premier réflexe sera de vous reporter au brief créatif pour vous assurer que vos solutions répondent bien aux exigences et aux critères requis. Si bonne soit-elle, une idée qui ne permet pas de faire passer un message ou de toucher le public visé ne vaut rien. Il se peut que votre idée soit exploitable moyennant quelques ajustements. Si ce n'est pas le cas, gardez-la en réserve pour une autre fois. Il y a d'autres façons de juger de la qualité d'une idée. L'une d'elles consiste à « dormir dessus ». Parfois, l'incroyable idée qui vous est venue la veille au soir après des heures de concentration soutenue et de travail acharné ne vous paraît plus aussi pertinente le lendemain matin. En la retravaillant quelques jours plus tard vous pourrez l'examiner d'un œil neuf et plus objectif. Testez votre idée auprès de vos proches et amis, en particulier ceux qui appartiennent à la catégorie de public visée, et observez leur réaction.

Mur d'idées
Étudiants en publicité de l'université Solent de Southampton comparant et évaluant mutuellement leurs idées.

La rédaction

La façon dont le texte se combine et interagit avec les images est fondamentale dans une campagne publicitaire. Dans une publicité de magazine, les premières choses vues par le lecteur sont l'image et le gros titre, c'est pourquoi l'impact de cette première rencontre est fondamental. La dernière chose que le lecteur va regarder est le corps du texte. Il ne le lira que si le gros titre, l'image et la présentation générale de la publicité l'ont « accroché » suffisamment pour l'inciter à lire la suite.

Les slogans

Les meilleurs viennent compléter l'image – plutôt que de se contenter de décrire le visuel, ils y ajoutent du sens. Un slogan peut donner du sens à une publicité de différentes façons. Il peut transformer l'image qu'il accompagne en une métaphore qui va mettre en relief et renforcer le message de l'annonceur.

Le slogan peut modifier le contexte d'une image en y ajoutant, par exemple, un élément inattendu. Dans ce cas, le sens de l'image peut se trouver altéré par le slogan, plongeant ainsi le lecteur dans l'incertitude quant à un possible sens caché.

Parfois un slogan peut jouer sur le double sens, la langue argotique ou régionale pour véhiculer son message. Dans ce cas, il faut être sûr que le langage employé puisse être compris du public visé. Ainsi, un slogan en dialecte sera incompris et n'aura donc aucun effet sur un public provenant d'une région ou d'une culture différente. L'ironie, l'esprit et la subtilité du message tomberont complètement à plat s'ils ne peuvent être compris que d'une minorité locale alors que vous visez un public plus large. Néanmoins, utilisé à bon escient et dirigé vers le bon public, ce type de message peut s'avérer très accrocheur et efficace.

Dans tous les cas, le slogan et le visuel doivent aller de pair. En d'autres termes, le slogan ou l'image présentés tels quels peuvent n'avoir pas ou peu de sens, mais lorsqu'ils sont réunis, le sens du message doit apparaître de façon claire, efficace et marquante. Le plus important étant de laisser l'une et l'autre partie (slogan et visuel) jouer pleinement leur rôle de communication. Si tel est le cas, le lecteur n'a pas besoin de lire la suite du texte pour comprendre la proposition de l'annonceur.

durex performa. Made to make you last longer.   Buy online at www.durex.co.uk

Ejaculater

Tout est dit en un mot et avec esprit. Voici un excellent exemple de l'efficacité d'un bon slogan.

Annonceur : Durex / Agence : McCann Erickson, Manchester / Directeur artistique et chef de publicité : Dave Price / Partenaire de création et rédacteur : Neil Lancaster / Rédacteur : Tim Reid / Photographe : Mike Parsons / Opérateur image : Steve Reilly / Typographe : Karen Matthews

This way

the Edinburgh Dungeon
31 Market Street

This way (Par ici)

Cette affiche publicitaire gore, permettant au public de s'orienter (littéralement) dans le donjon d'Édimbourg, a connu un tel succès que le nombre de visiteurs a littéralement explosé.

Annonceur : Edinburgh Dungeon / Agence : Leith London / Directeur artistique : Raymond Chan / Rédacteur : Simon Cenamor

Un bon slogan peut servir à expliquer une image délibérément ambiguë. Souvent, pour marquer avec force et durablement le public, il convient de le « taquiner » en lui présentant des jeux visuels. Parfois, il suffit que le lecteur accole mentalement le slogan et l'image pour recréer instantanément le message. Mais dans d'autres cas, au contraire, le slogan ne suffit pas et le lecteur se voit contraint de pousser plus loin la réflexion pour résoudre l'énigme et saisir le message.

Inciter le lecteur à réfléchir

D'aucuns pensent que le message publicitaire doit pouvoir se comprendre instantanément, et pourtant certaines publicités parmi les plus marquantes et les plus connues se sont présentées au lecteur sous la forme d'énigmes. Dans ce cas, le fait de devoir se donner du mal pour percer le mystère a un effet valorisant sur le lecteur qui se sent récompensé quand il a réussi à venir à bout de l'énigme. Cela ne veut pas dire que le lecteur doit passer des heures à se creuser les méninges pour comprendre la pub, mais il n'en reste pas moins que c'est à lui de découvrir le message. Expliquer trop ouvertement le message au public c'est un peu comme expliquer une blague… c'est beaucoup moins drôle !

Naturellement, il ne sert à rien de créer une pub que personne ne comprend. Il va de soi que le message doit pouvoir être décrypté. Cela étant, il n'est pas indispensable que le sens du message apparaisse immédiatement. Obliger le lecteur à réfléchir un peu n'est pas forcément une mauvaise chose. Pendant qu'il se creuse la tête, il y a un élément de la marque qui s'imprime consciemment ou non dans son cerveau. Dans une société comme la nôtre, où les gens sont habitués aux médias, le public est beaucoup plus habile à décoder les messages publicitaires qu'il ne l'était il y a plusieurs dizaines d'années. Lorsque l'on associe un slogan et une image, il est important de trouver un juste milieu, le message ne devant être ni trop difficile ni trop facile à décrypter.

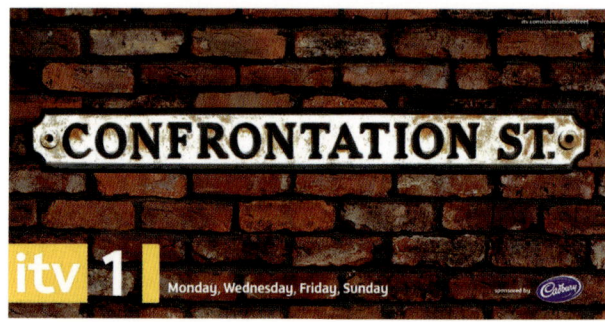

Revelation St. Confrontation St. Devastation St.
Un habile jeu de mots combiné à un visuel fortement connoté permet au lecteur de faire le rapprochement avec la célèbre série télévisée anglaise *Coronation Street*.

Annonceur : ITV / Agence : M&C Saatchi / Chef de publicité : Graham Fink / Directeurs artistiques et rédacteurs : Dan McCormack et Luke Boggins / Designer : Mark Henry

Trouver le bon slogan

Trouver un bon slogan, ce n'est pas savoir quoi dire, mais comment le dire ! La proposition présentée dans le brief permet de définir les grandes lignes du message, mais le slogan a pour mission de le présenter de façon claire, attrayante, inattendue et efficace. Les meilleurs slogans ont un pouvoir évocateur comparable à celui de l'image.

Quand KFC a voulu faire passer le message selon lequel son poulet était le meilleur, il a opté pour le slogan : « It's fingerlicking good. » La vraie force d'un slogan comme celui-là réside dans sa capacité à faire surgir en quelques mots une image dans l'esprit du public. Pour être efficace, un slogan aussi visuel n'a besoin de rien d'autre que d'une photo appétissante comme accompagnement. Montrer une personne savourant le produit en se léchant les doigts alors que l'image est déjà imprimée dans l'esprit du public ne ferait qu'amenuiser son impact.

Pour qu'un slogan et une image marchent bien ensemble, on peut se servir du slogan pour décrire une chose qui n'est pas visible dans l'image. Cette méthode incite l'imagination du lecteur à prendre le relais et permet du même coup de captiver son esprit.

Le slogan et l'image qui l'accompagne se doivent non seulement de faire passer un message, mais d'inciter le lecteur à poursuivre sa lecture jusqu'au bout. Il est prouvé que seule une quantité restreinte de lecteurs va se donner la peine de lire entièrement les explications figurant sur une page publicitaire, d'où l'intérêt de trouver un slogan qui les engage à lire la totalité du texte sans effort conscient. Il y a toute sorte de trucs pour y parvenir, mais tous consistent à éveiller l'intérêt ou la curiosité du public. Par exemple, en offrant à celui qui lira jusqu'au bout une « récompense ». Cette récompense peut être la réponse à un problème ou à une question, une information utile, une chance de gagner un lot. S'il s'agit d'un texte d'affiche, il faut que l'image donne la réponse. Si c'est pour une annonce-presse de journal ou de magazine, le titre doit servir d'appât.

Carotte. Œuf.

Voilà un texte drôle et intelligent qui informe le consommateur sur les prix des produits en promotion (sans pousser à la consommation !).

Annonceur : Tesco / Agence : Red Brick Road / Directeur artistique : Jason Lawes / Textes : Sam Cartmell / Photographe : Colin Campbell / Typographe : Marc Donaldson

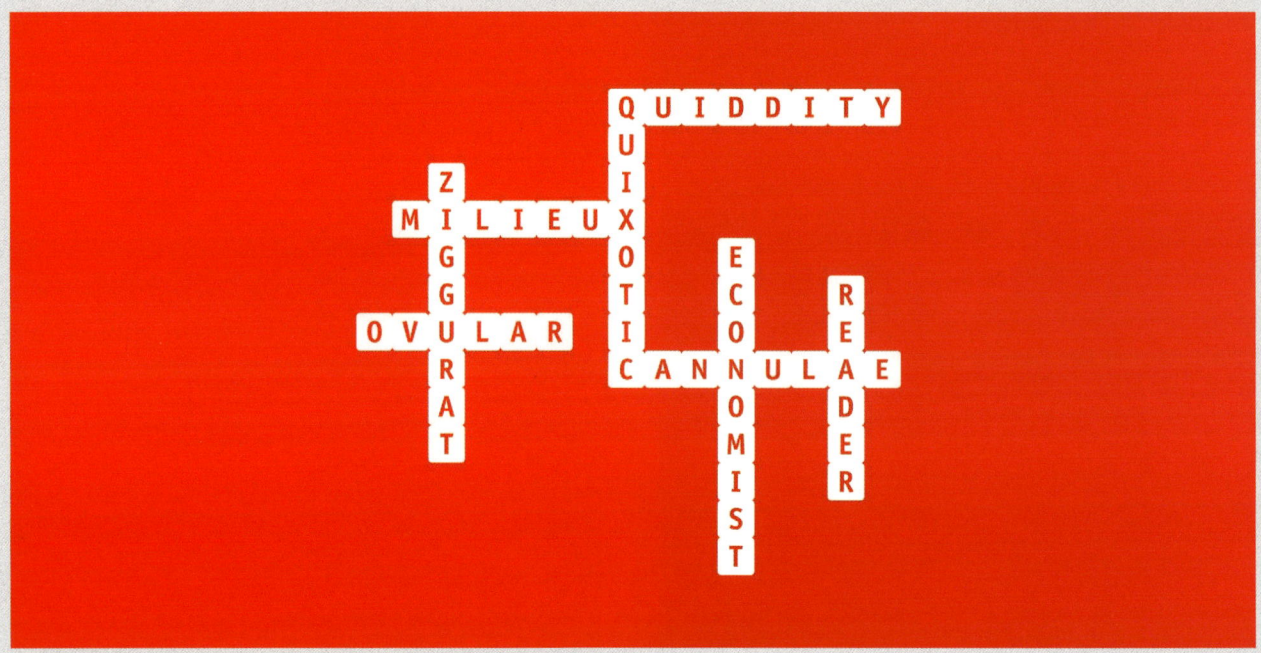

À faire, à éviter

De façon générale, il vaut mieux éviter les clichés que
votre public risque d'avoir entendus à l'envi. Un cliché
tend à donner à une publicité une allure de réclame
– et c'est précisément ce que vous ne voulez pas ! Essayez
de trouver des formules dynamiques, attrayantes. L'important
est qu'elles n'aient pas l'air ampoulées, décoratives ou forcées.
Par exemple, au verbe « marcher » préférez le verbe « flâner »,
« se balader », « se dandiner », « trotter », qui sont plus visuels
et qui permettent d'augmenter le niveau de communication
sans augmenter la taille du texte.

Il n'y a pas de règles absolues quant à la longueur d'un slogan,
mais, de façon générale, vous devez trouver un slogan clair,
simple et percutant. Un seul mot peut suffire s'il s'accompagne
d'une image forte. Veillez donc à être le plus direct possible.
Le slogan : « Essayez de conduire la nouvelle Ford dès
aujourd'hui » gagnera en dynamique si vous le changez
en « Essayez la nouvelle Ford ».

Scrabble

Cette affiche du métro londonien pose une énigme aux usagers qui attendent
leur rame. Pensez-vous que seuls les lecteurs de *The Economist* vont savoir
la décrypter ?

Annonceur : *The Economist* / Agence : Abbot Mead Vickers BBDO /
Rédacteur : Tim Riley / Typographe : John Tisdall

La présentation du produit

Un bon argumentaire est censé développer « l'histoire » initiée par le slogan et l'image. Il ne doit pas ennuyer le lecteur avec des informations dont il est déjà en possession. Il doit garder le rythme et l'élan donnés par le slogan de départ, et en venir rapidement à l'essentiel en quelques mots bien pesés.

Il vaut mieux éviter de parler directement de la marque dans la phrase d'ouverture de la présentation. Essayez plutôt de parler du lecteur, de ses espoirs, ses désirs, ses aspirations. Manifestez de l'empathie envers votre public, montrez-lui que vous comprenez ses problèmes et ses difficultés. Ce n'est qu'à cette condition que vous pourrez l'amener à s'intéresser à ce que vous voulez lui dire.

Fête des Pères (ci-dessous)

Cette publicité de David Abbott raconte l'histoire d'un fils qui énumère mentalement les différentes raisons pour lesquelles son père mérite une bouteille de Chivas Regal pour la fête des Pères. Pourquoi ne pas écrire un long texte de présentation pour une fois – se servir de « vraies situations » autant que de son imagination.

Annonceur : Chivas Regal / Agence : Abbott Mead Vickers BBDO Ltd. / Rédacteur : David Abbott

Because I've known you all my life.

Because a red Rudge bicycle once made me the happiest boy on the street.

Because you let me play cricket on the lawn.

Because you used to dance in the kitchen with a tea-towel round your waist.

Because your cheque book was always busy on my behalf.

Because our house was always full of books and laughter.

Because of countless Saturday mornings you gave up to watch a small boy play rugby.

Because you never expected too much of me or let me get away with too little.

Because of all the nights you sat working at your desk while I lay sleeping in my bed.

Because you never embarrassed me by talking about the birds and the bees.

Because I know there's a faded newspaper clipping in your wallet about my scholarship.

Because you always made me polish the heels of my shoes as brightly as the toes.

Because you've remembered my birthday 38 times out of 38.

Because you still hug me when we meet.

Because you still buy my mother flowers.

Because you've more than your fair share of grey hairs and I know who helped put them there.

Because you're a marvellous grandfather.

Because you made my wife feel one of the family.

Because you wanted to go to McDonalds the last time I bought you lunch.

Because you've always been there when I've needed you.

Because you let me make my own mistakes and never once said "I told you so."

Because you still pretend you only need glasses for reading.

Because I don't say thank you as often as I should.

Because it's Father's Day.

Because if you don't deserve Chivas Regal, who does?

Écrivez-le simplement

Employez un langage simple et parlez au public comme si vous vous adressiez à quelqu'un de votre connaissance. Ainsi, le public sera plus réceptif à ce que vous cherchez à lui dire. Employez des exemples, un ton et un style de langage qui lui soient familiers. Évitez les mots et les phrases compliqués censés donner de la profondeur au texte. Si vous voulez avoir l'air naturel vous devez rechercher la simplicité de la langue parlée. C'est un excellent exercice, qui vous permettra d'éviter les formules artificielles et alambiquées. Souvenez-vous que vous ne cherchez pas à impressionner le lecteur avec vos qualités littéraires, mais que vous cherchez à lui vendre un produit.

Choisissez vos mots avec soin et souvenez-vous que chaque parole compte. Vous ne pouvez pas tout dire, inutile d'essayer. Si le lecteur veut en savoir plus, il demandera lui-même des précisions à l'annonceur. Votre mission consiste à l'inciter à le faire.

Skin facts (Données sur la peau)
Cette publicité humoristique emploie un style de langage contemporain un peu à la façon d'un comique faisant un one man show.

Annonceur : Unilever Malaisie / Agence : Ogilvy & Mather Malaisie / Chefs de publicité : Neil French et Sonal Dabral / Directeurs artistiques : Neil French et Brian Capel / Rédacteur : Neil French

---

Skin Fact Nº21

The smoke from burning giraffe skin is used to treat nosebleeds among some tribes in Africa. These tribes always travel with a spare giraffe and a box of matches, in case they bump into a tree.

(Not really: I made that last bit up.)

(Dove is all <u>you</u> need to know about skincare.)

Skin Fact Nº28

The skin of the Crested Newt tastes horrid. This is said to be a defense against predators. On the other hand, since this wouldn't work until you were actually being eaten, it seems a somewhat questionable means of defense.

Revenge maybe.

(Dove is all <u>you</u> need to know about skincare.)

L'accroche ou slogan

C'est généralement un mot ou une courte phrase incarnant l'esprit du message ou de la proposition tel que défini dans le brief créatif. Il sert de lien entre toutes les publicités d'une même campagne. Le slogan « Just do it », synonyme de confiance en soi, d'engagement et de persévérance, est devenu l'emblème de la marque Nike. Toutes les affiches et les spots publicitaires de la marque reprennent un ou plusieurs éléments de ce slogan.

Des jeux sur les sons, comme les allitérations, peuvent rendre les slogans plus accrocheurs et marquants. Une publicité vantant une marque de beurre avait pour slogan : « No buts, it's got to be butter » et une autre pour les gâteaux fourrés à la crème proclamait : « Naughty but nice ». Dans l'idéal, le slogan doit être court, simple, accrocheur et riche en connotations positives. Vous pouvez éventuellement y inclure le nom de la marque pour renforcer le message, à l'instar de la bière Heineken qui a eu pour slogan : « Heineken refreshes the parts other beers can't reach » qui, plus tard, a donné en version courte : « Refreshingly Heineken ». Le slogan figurera le plus souvent à côté du logo, dont le rôle consiste à valoriser non seulement une marque mais une enseigne.

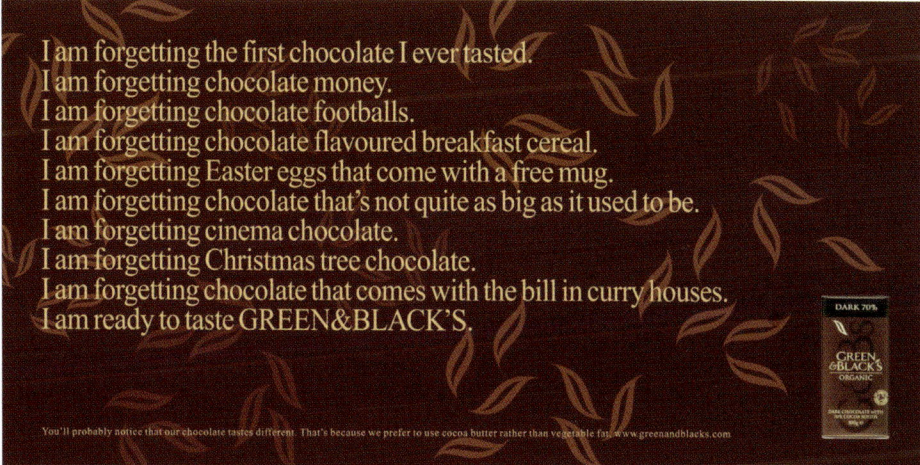

I am forgetting (Je suis en train d'oublier)
Cette publicité pour le chocolat bio Green and Black décrie le goût médiocre des chocolats de qualité inférieure.

Annonceur : Green and Black / Agence : Fallon London / Chefs de publicité : Richard Flintham et Andy McLeod / Créatifs : Ed Edwards et Dave Masterman / Designer : James Townsend

Visualiser le concept

Vignettes et croquis

Vous pouvez commencer par dessiner des vignettes ou des croquis. Les vignettes sont, comme leur nom l'indique, des dessins de petite taille exécutés à la main et parfois accompagnés d'une explication écrite. Vous pouvez choisir de faire une ébauche dans un format plus important, mais ne cherchez pas à aller au-delà d'un format A5, sinon vous risquez de perdre un temps précieux à dessiner les détails. Concentrez-vous sur la scénarisation et limitez le décor au strict minimum. À cette étape de la conception, vous devez jeter votre idée sur le papier avec un minimum d'efforts. Ne vous souciez pas d'angles de caméra ou de présentation, c'est une perte de temps – arrêtez-vous, épinglez la feuille au mur et passez à l'idée suivante. Épingler votre travail au mur vous permettra non seulement d'y réfléchir durant la journée, mais de recueillir les avis et les commentaires d'autres personnes.

Présenter une idée sur le papier permet au directeur artistique et à l'équipe commerciale de se faire une idée simple et claire de votre travail. Si vous n'êtes pas doué en dessin, ce n'est pas grave – c'est la qualité de l'idée qui prime et une esquisse rudimentaire ou une brève description orale suffira. Avec le temps, vous apprendrez à affiner votre technique et n'oubliez pas qu'une bonne idée saute aux yeux même quand le croquis est mauvais.

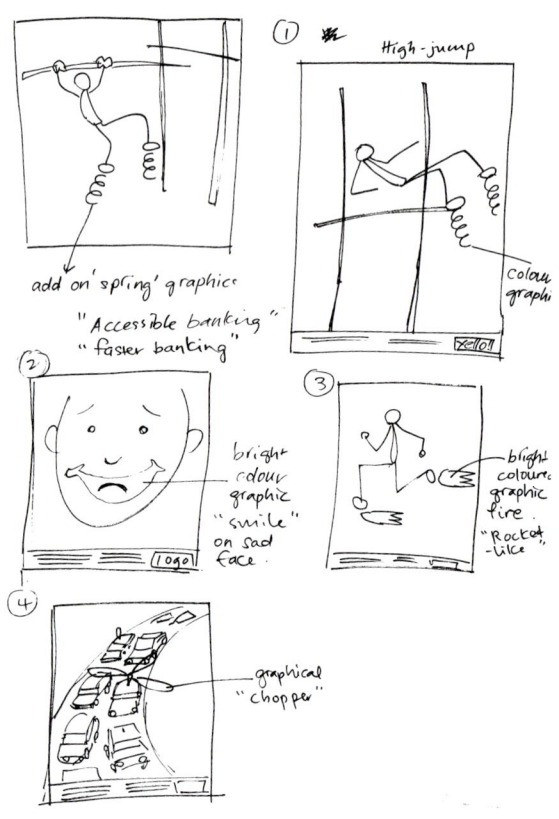

Les vignettes

Trouvez des idées, en pagaille. Ne perdez pas de temps à essayer de faire des dessins léchés. Si cela peut vous aider, décrivez vos idées avec un texte que vous accrocherez à côté des vignettes.

Croquis d'Alicia Wen-Hui Chong, maître de conférences au Raffles Design Institute, à Singapour.

Les esquisses

L'étape suivante consiste à produire des esquisses qui reprennent les meilleurs et les plus aboutis de vos scénarios en vignettes. Ce sont des dessins en noir et blanc permettant d'expliquer le concept d'une façon simple et naturelle – ajouter trop de détails et d'informations risque d'affaiblir l'impact de l'idée centrale. À ce stade on s'intéresse à la présentation. Les éléments normalement inclus sont le visuel et le gros titre (qui doit être manuscrit et non pas imprimé), le slogan, le texte de présentation (qui peut être figuré par une série de lignes floues) et enfin le logo.

Généralement, on soumet plusieurs concepts au directeur artistique et plus tard à l'équipe commerciale. Il se peut que l'on vous demande de remettre votre projet à l'étude et de développer davantage vos concepts, ce qui signifie creuser l'idée au maximum et tester son exploitabilité. Les directeurs artistiques veulent une idée forte qui puisse être aisément adaptée à différents supports.

Lorsque les idées requièrent un degré de finition supérieur, les grosses agences font appel à des experts. Ces membres de l'équipe artistique sont d'excellents dessinateurs qui manient admirablement le marqueur et peuvent produire presque sans efforts des visuels scénarisés. Savoir produire de bons visuels en noir et blanc est un talent qui mérite d'être développé, car les petites agences régionales exigent de l'équipe créative la plus grande autonomie possible.

Visuels simples (ci-dessous)
Faites des esquisses simples, tout en prenant en considération la présentation et la composition de votre image (paysage, portrait, etc.).

Esquisses d'Alicia Wen-Hui Chong, maître de conférences au Raffles Design Institute, à Singapour.

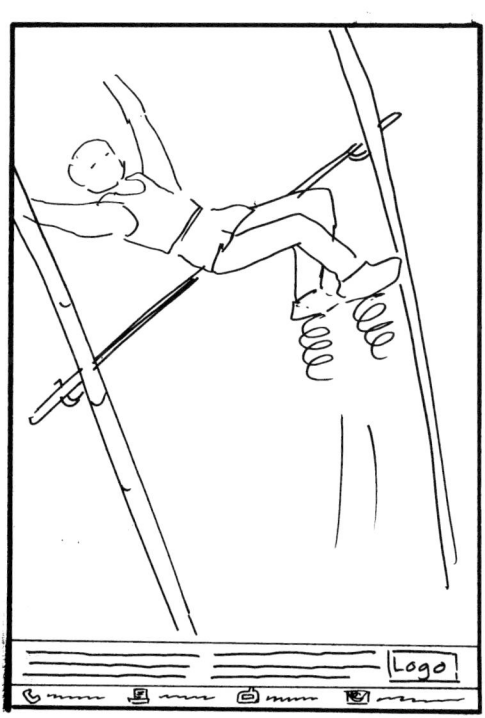

A guy walks into a bar and notices the large queue of people waiting for a drink.

He then spots a microphone in the empty DJ booth and picks it up.

He says over the loud speaker: "the top bar is now open, the first 100 people will receive a free drink."

People disperse quickly away from the bar.

SFX: People running upstairs

He orders a Cobra at the now empty bar.

MVO: Be Inspired

Le storyboard et le script

Si vous avez prévu un spot télévisé dans votre campagne, celui-ci sera présenté sous forme de storyboard accompagné d'un script. Le script est un plan écrit décrivant le décor, l'action, les dialogues, les voix off, le bruitage éventuel, les effets spéciaux et la bande son. Dans un premier temps, le storyboard se présente sous la forme d'une séquence de 4 à 6 plans principaux autour desquels s'articule toute l'histoire. Les meilleurs storyboards montrent la progression de l'action de façon simple et claire en évitant d'indiquer les mouvements de caméra. À ce stade, le but du storyboard est de présenter l'idée de base au directeur artistique et à l'équipe commerciale. Des indications trop précises ou complexes risqueraient de brouiller le message.

Il arrive que le directeur artistique mette la main à la pâte en photographiant chaque plan clé à l'aide d'une caméra digitale. Ceux-ci seront ensuite projetés au rétroprojecteur pour être redessinés au marqueur noir. En marge de ces plans illustrés on trouvera les parties écrites et audio, la description du décor ou du lieu de tournage. Dans un deuxième temps, le directeur commercial pourra à son tour exiger une version plus élaborée du storyboard ou du texte.

Parfois, le storyboard animé, ou « animatic », est utilisé pour « vendre » le concept au client ou pour effectuer des sondages. À l'aide d'un banc-titre on effectue image par image des prises de vue simples, telles que zoom avant et arrière, panoramiques, fondus enchaînés, coupures, pour donner vie au storyboard.

Lexique cinématographique

Distance (caméra-image) :
Plan général, plan-pied, plan moyen, grand angle, gros plan, très gros plan.

Mouvements de caméra :
Zoom avant et arrière : l'objectif de la caméra modifie la distance. Lorsque l'on effectue un zoom avant, l'image semble se rapprocher et grossir ; lors d'un zoom arrière, elle s'éloigne et devient plus petite.
Travelling avant et arrière : la caméra montée sur rails avance ou recule.
Panoramique droit/gauche : la caméra montée sur trépied effectue une rotation latérale.

Transitions :
Coupe : changement brusque et instantané permettant de passer d'un plan à un autre.
Fondu : une image se substitue à une autre en se fondant à elle.
Volet : une image émerge puis l'écran devient noir alors qu'une autre image émerge à son tour.

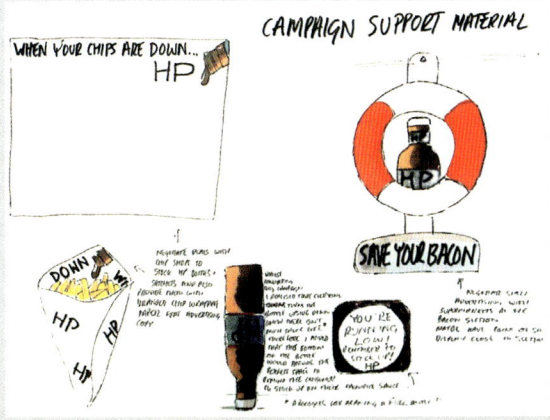

Présentation du projet au client

L'étape suivante consiste à présenter les projets retenus au client. C'est l'équipe commerciale qui s'en charge, si possible en présence de l'équipe artistique. Selon que le client est ou non familier de ce type de procédure on lui montrera soit une séquence de croquis en noir et blanc, soit un projet à la présentation plus soignée. Sur les projets les plus aboutis le texte apparaît généralement en offset accompagné de visuels exécutés au marqueur ou de photos types. L'avantage de ce genre de présentation est que l'on peut dupliquer la publicité avant de l'envoyer à la production, mais l'inconvénient c'est que la liberté de création du directeur artistique, photographe, réalisateur ou illustrateur, s'en trouve limitée. Comme le fait remarquer Marie Voss, créative chez JWT à Londres : « Nos visuels ne sont jamais peaufinés. Bien souvent, ce ne sont que des brouillons auxquels on ajoute le logo du client concerné. Une idée qui n'est pas visible au premier coup d'œil même sur une simple esquisse ne mérite probablement pas d'être retenue. Si vous ne savez pas dessiner, écrivez un descriptif en marge de ce qu'on est supposé voir sur le croquis. » Certains clients sont tellement impressionnés par le visuel qu'ils pensent qu'il s'agit de la publicité finale.

Esquisse de chien (page ci-contre, en bas)
Dessiné dans le style BD, ce visuel raconte l'histoire d'une façon simple et directe.

Directeur artistique : Raymond Chan / Rédacteur : Simon Cenamor

Storyboard du Cobra (page ci-contre, en haut)
Parfois en photographiant des scènes de la vie quotidienne que l'on retrace ensuite au marqueur noir, il est possible de créer un storyboard très éloquent.

Concept et réalisation : Sam Bowden et Neil Collins, étudiants en BA Advertising à la Southampton Solent University.

When your chips are down… Save your bacon (Quand il ne vous reste quasiment plus de frites, conservez votre bacon ; ci-dessus)
Chris Spore est l'auteur de ce visuel au marqueur pour une campagne imaginaire vantant la marque HP Sauce.

Concept et réalisation : Chris Spore

À vous de jouer !

Essayez de produire un « animatic » simple à partir de l'un de vos storyboards.

Commencez par réfléchir aux mouvements de caméra et aux transitions. Il se peut que vous deviez agrandir la taille de vos plans (la photocopie est la méthode la plus simple), afin d'avoir un champ suffisamment large pour les mouvements de caméra. Empruntez un caméscope et un trépied et créez un animatic tout simple.

DIRECTION ARTISTIQUE

Photographie et illustration

Choisir le support idoine pour une campagne d'annonce-presse ou d'affichage constitue une partie importante du processus de production, car c'est à ce stade que le concept prend réellement forme. Bien souvent, c'est la nature même du concept qui dicte le type de support le plus approprié. Le fait d'utiliser la photo plutôt que l'illustration, par exemple, dépend de l'objectif que l'on souhaite atteindre et de la façon la plus efficace de l'atteindre.

Vertigo (page ci-contre, en bas)

Les tables, la cafetière et les tasses de cette publicité ont toutes été photographiées en studio. La vue plongeante sur la ville et le vol de canards ont été ajoutés ensuite, par montage. Ce genre de réalisation suppose une préparation rigoureuse car tous les éléments doivent s'imbriquer parfaitement.

Annonceur : Gallaher Plc / Agence : Dorlands / Photographe : Keith Ramsden

Photographie ou illustration

La photo est considérée par beaucoup comme « réaliste », dans le sens où elle apporte de la crédibilité au message. La photo est généralement perçue comme crédible, car elle peut dépeindre le produit tel qu'il est dans un contexte « réel ». Dans le cas des produits emballés, la photo permet en outre au lecteur de repérer le produit quand il se rend au magasin. Certaines publicités présentent le produit à l'intérieur d'une vignette ou dans une incrustation séparée de l'image principale. Cela permet au directeur artistique de montrer le produit flambant neuf sous son angle le plus flatteur. Photographier un produit en donne une image objective, alors qu'une illustration du même produit pourrait pour sa part tendre à la fantaisie.

Cela étant, l'illustration demeure un support d'une grande flexibilité qui offre au directeur artistique un vaste choix de styles et techniques, tels que BD, photo-réalisme, airbrush, aquarelle, collage, gravure ou sérigraphie. L'illustration s'adapte aisément à divers supports. Elle permet de mettre en valeur les qualités d'un produit ou d'une marque.

Le directeur artistique qui opte pour la photographie va pouvoir contrôler plus étroitement cette étape de la production. En concertation avec le photographe, il peut donner son avis sur le casting, le décor et les accessoires, éventuellement diriger la séance photo et, le cas échéant, superviser les retouches ou le traitement numérique de l'image. À l'instar des photographes, les illustrateurs sont choisis en fonction de leur style et de leur portfolio, et parce que l'on pense qu'ils peuvent ajouter une nouvelle dimension à un concept. Toutefois, du fait que le directeur artistique se voit contraint de jouer un rôle mineur dans l'exécution du projet, la décision de s'en remettre à un illustrateur peut poser problème. Le brief de ce dernier ou de son agent joue un rôle capital dans le succès du résultat final et il arrive qu'il faille plusieurs semaines à l'illustrateur pour finaliser le travail.

Beer from the coast (Une bière venant de la côte ; page ci-contre, en haut à droite)

Une publicité illustrée peut être aussi vivante, colorée et parlante qu'une photographie. Ces publicités s'efforcent de recréer une certaine atmosphère, un résultat qui aurait peut-être été plus difficile à rendre avec une photographie.

Annonceur : Adnams Plc / Agence : SHOP / Illustrateur : Christopher Wormell

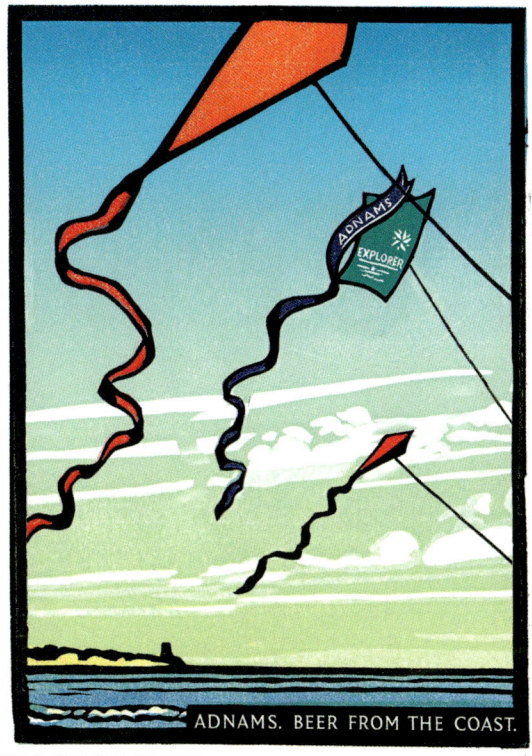

Photographie gastronomique (ci-dessus)

La photographie gastronomique occupe une place à part dans l'industrie de la publicité. Préparer les mets et les rendre photogéniques requiert l'intervention de cuisiniers de métier. Ceux-ci préparent et présentent les mets, en ayant parfois recours à des trucages ingénieux pour leur donner l'aspect le plus appétissant possible.

Soupe : Annonceur : BBC UK Food / Photographe : Andy Seymour
Piment rouge : Annonceur : Blue Dragon / Photographe : Andy Seymour

CUT FOR YOU.

Image numérique / de synthèse

De nos jours, certains illustrateurs ou photographes ont recours au traitement numérique de l'image, avec pour conséquence une abolition des frontières entre illustration, graphisme, photographie et typographie, qui se retrouvent désormais tous regroupés sous la bannière de la création d'images. En combinant ces diverses disciplines, le concepteur peut introduire aussi bien des éléments de culture populaire éphémères que des éléments artistiques originaux réalisés à la main. Photos arrachées à des magazines, vieux emballages de chewing-gum, tickets de concert, photos et illustrations originales peuvent être scannés puis retouchés ou traités au moyen de logiciels tels que Photoshop, Illustrator et Freehand afin d'obtenir l'effet désiré sur la couleur ou autre. Il n'en reste pas moins que la création artistique est indispensable, que ce soit sur le papier ou sur une page écran.

Retouche et traitement de la photo

La retouche et le traitement numériques de l'image ont fait des progrès spectaculaires au cours des dernières années. En conséquence, la photo et l'illustration se sont rapprochées au point parfois de se confondre, et les visuels qui jadis n'étaient réalisables qu'à travers l'illustration peuvent être aujourd'hui réalisés à partir du montage de différentes prises de vues qui sont ensuite traitées et retouchées. Le photographe planifie soigneusement les prises de vue qui, une fois remaniées et mélangées, vont entrer dans la composition finale pour ne constituer qu'un seul visuel.

SHIFT IT

You're better off by bike
On short trips it's quicker and more convenient

MAYOR OF LONDON   tfl.gov.uk/cycling   Transport for London

Cut for you (Coupé pour vous ; page ci-contre)
Ce superbe collage en demin de marque Levi's, illustre parfaitement le concept « Cut for you » de la campagne publicitaire.

Annonceur : Levi Strauss do Brasil / Agence : Neogama BBH / Responsable marketing Amérique latine : José Claudio Motta / Photographe : Bruno Cals / Illustrateur : Junior Lopes

Shift it (Changer ; ci-dessus)
Une technique efficace, consiste à modifier légèrement des images qui nous sont familières pour leur donner un sens nouveau.

Annonceur : Transport for London / Agence : M&C Saatchi / Chef de publicité : Graham Fink / Directeurs artistiques : Tiger Savage et Joe Miller / Rédacteur : Paul Pickersgill / Photographe : Leon Steele

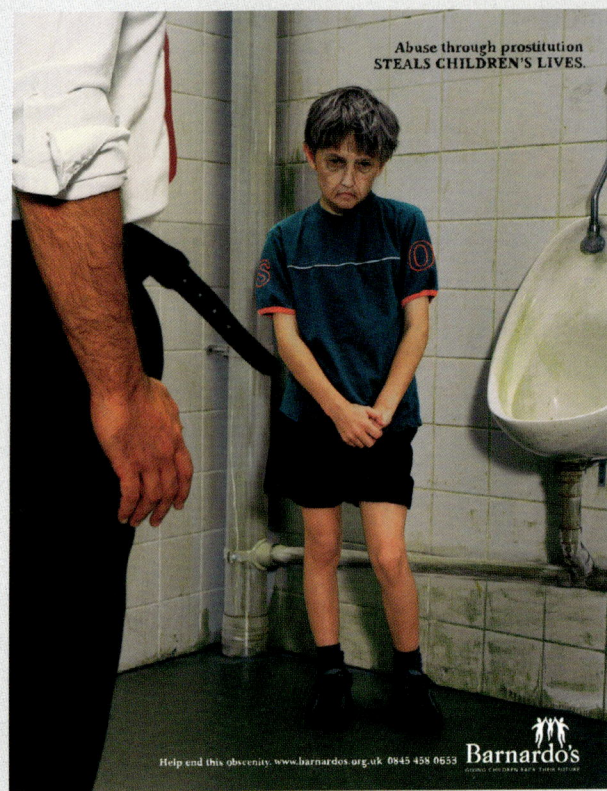

Barnado's sofa. Barnado's toilet.

Ces affiches marquantes démontrent combien le traitement de l'image
photographique peut s'avérer efficace quand il est employé à bon escient.

Annonceur : Barnado's / Agence : Bartle Bogle Hegarty UK / Chefs
de publicité : Alex Grieve et Adrian Rossi / Producteur : Shelley Buick /
Photographe : Phil Poynter / Équipe artistique : Ester Katrine Hjellum,
Jon Robb, Adrian Rossi, Alex Grieve

The end of the question mark (La fin du point d'interrogation)
Voici un bel exemple du pouvoir évocateur de l'illustration quand il s'agit
de présenter une idée abstraite sous un jour humoristique et accrocheur.

Annonceur : IssueBits Ltd / Any Question Answered / Agence : SHOP /
Illustrateur : Adam Howling

THE END OF THE QUESTION MARK. Text any question to 63336 and have the answer within minutes.

THE END OF THE QUESTION MARK. Text any question to 63336 and have the answer within minutes.

The New Beetle Cabriolet.

**Abeilles. Papillons.
Arc-en-ciel.**
Adopter un type d'illustration
original permet de donner
une image nouvelle, plus
« fraîche », à une marque.

Annonceur : Volkswagen UK /
Agence : DDB London / Directeurs
artistiques : Feargal Ballance,
Jeremy Craigen, Lovisa Almgren /
Rédacteurs : Dylan Harrison,
Ewan Paterson, Ben Wade /
Illustrateur : Ian Bilby / Typographe :
Peter Mould / Chefs de publicité :
Jeremy Craigen, Ewan Paterson

Courtesy D&AD Global Awards
(Direction artistique : médaille
d'argent, 2005)

The New Beetle Cabriolet.

The New Beetle Cabriolet.

Le marché de la création

Pour trouver le photographe adéquat, l'équipe créative va devoir écrémer les sites Internet des photographes et des agents et examiner en ligne des portfolios. Les agences photo comptent parmi leurs fichiers les meilleurs photographes de publicité et de l'édition. La présentation du travail de leurs clients peut se faire en ligne, mais également à l'agence, devant l'équipe créative et l'annonceur qui souhaitent juger sur pièce avant de se décider. On trouve à peu près tous les styles ou genres de photographies possibles et imaginables – depuis les automobiles, la mode, la gastronomie, les paysages, l'architecture jusqu'aux reportages et aux portraits.

Il est essentiel que les directeurs artistiques entretiennent de bonnes relations avec les agents artistiques, et en particulier les agences photo, car les photographes ont la capacité de dépanner au pied levé les agences en détresse. Toutefois, le recours massif aux photos libres de droits a sensiblement affecté le métier de photographe indépendant. Ces photos sont achetées ou commandées à des photographes et peuvent être utilisées et réutilisées à des fins publicitaires ou autres. Les agences de communication, les éditeurs, les designers de sites Internet et les graphistes se servent tous plus ou moins de ces fonds iconographiques libres de droits. Puiser dans un fonds est infiniment plus simple que de faire réaliser des photos originales, car le client peut consulter des bases de données et télécharger des photos en haute résolution depuis son bureau sans avoir à se déplacer. De plus, certains clients sont sensibles au fait de pouvoir faire l'économie d'un photographe, de mannequins, de la location de locaux et d'accessoires. Néanmoins, les photos provenant d'un fonds peuvent avoir été déjà utilisées par d'autres organisations et être connues du public. Rien ne vaut une photo spécialement conçue pour habiller un concept.

Face à l'affluence de photographes et d'illustrateurs, sans parler des agences, l'équipe créative va avoir besoin de se faire aider pour repérer la personne qui convient. La plupart des grosses agences emploient des négociateurs spécialisés qui servent d'intermédiaires entre les fournisseurs d'images et leurs propres équipes créatives.

À vous de jouer !

Prenez l'un de vos concepts les plus performants et planifiez une séance photo ou un brief illustré.

Commencez par chercher, puis sélectionnez le photographe/l'illustrateur qui vous semble le mieux convenir – ne perdez jamais de vue le type et le style de concept que vous avez choisis. Menez votre enquête auprès de photographes de publicité, d'illustrateurs et d'agents, et demandez-leur conseil.

Moules

Pouvoir visualiser en ligne les portfolios de différents photographes est un gain de temps considérable pour les directeurs artistiques, qui peuvent voir un grand nombre de travaux avant de sélectionner un candidat.

Photographe : Patrice de Villiers /
Agent : Carolyn Trayler Agency

La séance photo

Parfois il est plus simple de construire un petit plateau dans un studio que de se déplacer à l'extérieur. Les éclairages en studio sont beaucoup plus maniables que n'importe où ailleurs. Une séance en studio limite le transport des équipements. Avant une telle séance, il convient de recenser tous les décors et accessoires nécessaires. On peut également faire appel à des stylistes ou à des maquilleurs pour compléter l'équipe.

Une fois la décision prise de faire appel à un photographe pour réaliser le visuel, et une fois celui-ci engagé, le processus de production commence pour de bon. C'est une étape importante de la préparation d'une campagne publicitaire ; une bonne idée sera considérablement affaiblie par une séance photo mal ficelée.

La préparation

Elle suppose de commencer par briefer le photographe. On peut, comme point de départ, présenter le visuel préparé par le directeur artistique. Les éléments devant être pris en compte lors de la séance photo, indépendamment du fait que celle-ci devra se faire en studio ou sur un autre site, seront recensés et soumis à l'approbation du directeur artistique et du photographe.

Selon le sujet abordé, on devra organiser le casting des mannequins. Ce volet suppose généralement de faire appel à des agences de casting spécialisées dans la mode, la vie pratique ou les portraits. Les vêtements correspondant au style voulu devront également être achetés ou loués.

Il peut être nécessaire de prévoir une visite avec le photographe sur le site où doit avoir lieu la séance pour s'assurer qu'il n'y a pas d'impossibilité. Un chasseur de site peut être engagé spécialement pour trouver l'emplacement idéal.

Le grand jour

Une fois le planning et la préparation achevés, il est important que le directeur artistique puisse assister à la séance. Ce jour-là, sa mission première sera de s'assurer que tous les plans ont été respectés. Il devra en outre se tenir prêt à résoudre tous les problèmes qui pourraient survenir.

Si la séance photo se fait sur support argentique, le directeur artistique devra faire tous les tests préliminaires. Avant de commencer la séance, le photographe devra faire des essais avec un appareil Polaroïd. S'il utilise un appareil numérique, les tests seront téléchargés sur ordinateur et visionnés par le directeur artistique.

C'est à ce dernier de s'assurer que la taille des photos correspond bien aux dimensions du support choisi. Un portrait s'accommode plutôt mal d'un format d'affiche horizontal ! Des prises de vues dans différents formats peuvent être nécessaires pour adapter l'image à différents supports. Le directeur artistique doit s'assurer que tous les formats sont respectés, mais sans toutefois ajouter plus de prises de vue qu'initialement prévu.

Si la séance s'avère problématique, le directeur artistique devra se concerter avec le photographe pour lui suggérer des modifications : changer l'angle de vue, par exemple, ou faire un plan rapproché. Quoi qu'il en soit, la photo doit être « dans la boîte » à la fin de la séance.

Mercedes-Benz SL

It's better than it looks (C'est encore mieux en vrai ; en bas)

Cette Mercedes a été photographiée dans un décor sobre qui fait ressortir la silhouette de la voiture. Cette publicité a fait l'objet d'une campagne d'affichage en extérieur.

Annonceur : DaimlerChrysler / Agence : Leo Burnett London / Directeur artistique : Matt Gooden / Rédacteur : Ben Walker / Photographe : Chris Bailey

Revolvolution (en haut)

Cette photo fait partie d'une série de publicités, annonces-presse et affiches, créées à l'occasion du lancement de la Volvo S60. Le fait que la voiture ne soit pas présentée dans son intégralité en dit long sur la confiance de Volvo en son produit et la force du concept créatif.

Annonceur : Volvo / Agence : Messner Vetere, New York / Chef de publicité : Guy Seese / Photographe : Chris Bailey

Femme Art Déco (page ci-contre)

Cette image provient de la brochure d'une entreprise dont le siège social est un célèbre immeuble de style Art déco. Pour cette « prise unique » on a engagé un mannequin professionnel et une équipe de décorateurs qui ont peint à la main la toile de fond.

Photographe : Keith Ramsden

Carrousel (ci-dessus)

Cette publicité pour les vols à prix cassés de la compagnie BAA est un montage photographique. Les bagages sur le carrousel ont été photographiés à l'aéroport de Stansted, et les liasses de billets ont été ensuite ajoutées.

Annonceur : BAA / Photographe : Keith Ramsden

À vous de jouer !

Jetez un coup d'œil dans votre portfolio et choisissez un sujet qui se prête à la photographie. Prospectez comme un professionnel qui veut engager un photographe et organisez votre campagne.

Planifiez la logistique de votre séance photo. Allez-vous devoir rechercher un site ou préférez-vous travailler en studio ? Avez-vous besoin de mannequins ? Si oui, comment seront-ils habillés et comment allez-vous les diriger ? Allez-vous avoir besoin d'accessoires, de conditions climatiques ou d'éclairage spécifiques ?

Quels style et format de photo avez-vous en tête, quelle sorte de photographe vous semble le mieux convenir ? Visitez les sites Internet des agences pour jeter un coup d'œil à leurs portfolios afin de repérer les photographes qui vous conviennent.

L'aspect final de la campagne

Une fois le concept publicitaire approuvé par le client, l'équipe créative va devoir en coordonner la réalisation. Dans une équipe classique, c'est au rédacteur qu'il revient d'écrire le texte. Le message doit être percutant et le ton approprié afin de provoquer l'humeur ou la réaction désirée chez le public. Le directeur artistique sera quant à lui chargé de la « mise en forme » finale en veillant à ce que le visuel soit fort et son contenu cohérent d'un bout à l'autre de la campagne. Il doit avant tout mettre en évidence les qualités de la marque.

Présentation et composition

L'agencement des divers éléments qui constituent une publicité ne doit pas seulement être visuellement agréable, il doit également faire passer efficacement le message. Une publicité se compose généralement d'un visuel, qui peut être une photo, une illustration ou un graphique, d'un slogan, d'un argumentaire et du logo de la marque ou de l'enseigne.

Un bon directeur artistique veillera à garder une présentation et une composition sobres. La créativité, si admirable et valorisée soit-elle, ne doit pas amenuiser la portée du message ou détourner l'attention du lecteur. Autrement dit, la créativité doit contribuer à rendre le message accessible et non pas « ravir la vedette », sous peine de bloquer la communication. De la même façon, si talentueuse soit-elle, la composition artistique ne pourra pas rendre attractif un concept médiocre.

En termes de présentation et de composition il n'existe pas plus de recettes miracles que dans les autres domaines de la publicité, tout au plus des recommandations et des principes de base qui eux-mêmes sont parfois sujets à caution. Ce n'est qu'une fois que vous aurez parfaitement intégré ces recommandations et principes que vous pourrez envisager de passer outre, le cas échéant.

Petits pois. Maïs. Blinis.

Ne pas distraire l'attention du public, tel est le secret d'une bonne composition artistique. Un traitement visuel simple peut rendre un bon concept encore plus percutant.

Annonceur : Lurpak / Agence : DDB / Directeur artistique : Justin Tindall / Rédacteur : Adam Tucker / Typographe : Peter Mould / Photographe : James Day

Big soup (Grosse soupe)

Ces publicités mettent en valeur un concept déjà contenu de façon évidente dans le nom de la soupe. Ne passez pas à côté des idées les plus simples et les plus évidentes !

Annonceur : Heinz / Agence : Leo Burnett

Privilégier la sobriété

De façon générale, la page doit être la moins encombrée possible. Vous aurez toujours la tentation d'ajouter des détails qui vous semblent pertinents. Le directeur artistique doit décider de ce qui est important, puis retrancher tout le superflu pour ne garder que l'essentiel tout en veillant à laisser suffisamment de références au lecteur pour lui permettre de décrypter le message. Une publicité trop « chargée » et dépourvue de point focal va égarer l'œil du public. Or, le but recherché est de mener le lecteur sans effort d'un bout à l'autre d'une séquence d'images et de slogans.

Le secret d'une bonne composition réside dans un visuel fort – photo ou image – qui, combiné avec le slogan, va attirer l'attention du lecteur sur la publicité. Si la page contient plusieurs images, celles-ci ne devraient en aucun cas rivaliser entre elles pour tenter d'attirer le regard.

Dans l'idéal, une composition réussie ne comportera qu'une seule image dominante ou, en cas de publicité non visuelle, un corps de texte dominant. Les autres images incluses dans la publicité peuvent être des vignettes ou des incrustations, accompagnées de légendes. Si une seule image suffit à rendre le message clair et fort, le directeur artistique devra veiller à ne pas ajouter trop d'éléments visuels qui risqueraient d'affaiblir le concept.

Hellmann's Extra Light
Cette composition toute simple présente une photo du produit légèrement modifié.

Annonceur : Hellmans / Agence : Lowe London / Chef de publicité : Ed Morris / Photographe : Mike Parsons

THE BIG ISSUE FOUNDATION. SUPPORT FOR ADDICTION, MENTAL ILLNESS, RE-EMPLOYMENT AND ACCOMMODATION. **THINK BIGGER.**

WORK THIS OUT.
A PERSON DIAGNOSED
WITH A MENTAL DISORDER
SLEEPS IN A DOORWAY.
A PERSON WHO'S
COMPLETELY SANE
WALKS RIGHT PAST
THEM EVERY MORNING.

THE BIG ISSUE CHARITIES/BIG LIFE COMPANY WORK WITH BIG ISSUE VENDORS ACROSS THE COUNTRY AND ARE FUNDED BY DONATIONS AND THE BIG ISSUE MAGAZINE. FOR INFORMATION CALL 020 7526 3229 OR VISIT WWW.THINK-BIGGER.COM.

PHOTOGRAPHER: NADAV KANDER

THE BIG ISSUE FOUNDATION. SUPPORT FOR ADDICTION, MENTAL ILLNESS, RE-EMPLOYMENT AND ACCOMMODATION. THINK BIGGER.

ARE YOU HAPPY TO LIVE IN A WORLD THAT FINES ONE PERSON FOR LETTING THEIR DOG DEFECATE ON THE STREET BUT ALLOWS ANOTHER TO SLEEP THERE INDEFINITELY?

Think bigger (ci-dessus et page ci-contre)

Une composition subtile et efficace, alliant une mise en page inhabituelle à un texte émouvant.

Annonceur : The Big Issue Foundation / Agence : TBWA / Directeur artistique : Paul Belford / Rédacteur : Nigel Roberts

Small but tough. Polo. VW

Donner toute sa force à l'image

Le directeur artistique doit veiller à ce que le texte et les différents éléments et détails visuels tels qu'image, slogan ou logo se combinent avec un maximum de synergie.

Il ne doit pas hésiter à élaguer le contenu pour se rapprocher de l'objet présenté. Dans le cas d'un réfrigérateur, par exemple, que faut-il montrer ? Doit-on présenter l'appareil dans sa totalité et une partie de la cuisine, ou quelques indices suffisent-ils, compte tenu du contexte ? Ainsi, on pourra, par exemple, ne laisser voir qu'une partie de la porte, avec la poignée et quelques aimants de frigo vivement colorés. Ces éléments caractéristiques permettent de faire passer le message d'une façon plus directe, simple et claire. Une autre bonne raison de dépouiller l'image est que les images simples sont plus faciles à mémoriser.

Small but tough (Petite, mais robuste ; ci-dessus)
En employant un langage simple dans toutes ses campagnes, l'annonceur a réussi à faire passer le message selon lequel toutes les qualités de la marque Volkswagen – dans le cas présent la robustesse de la Polo – se retrouvent dans tous les modèles du fabriquant.

Annonceur : Volkswagen / Agence : DDB / Directeur artistique : Nick Allsop / Rédacteur : Simon Veksner / Typographe : Peter Mould / Illustrateur : Paul Slater www.centralillustration.com

Be here (Soyez-y ; page ci-contre et pages suivantes)
Cette image n'est pas là uniquement pour illustrer un slogan. Dans ces deux affiches, une image forte, un slogan et le logo Penguin se combinent pour raconter une histoire. Chacun de ces trois éléments joue un rôle dans l'effet de communication.

Annonceur : Penguin Books / Agence : Mustoes / Directeur artistique : Dean Hunt / Rédacteur : Simon Hipwell. / Photographe : Magnum Photographers / Typographe : Unreal

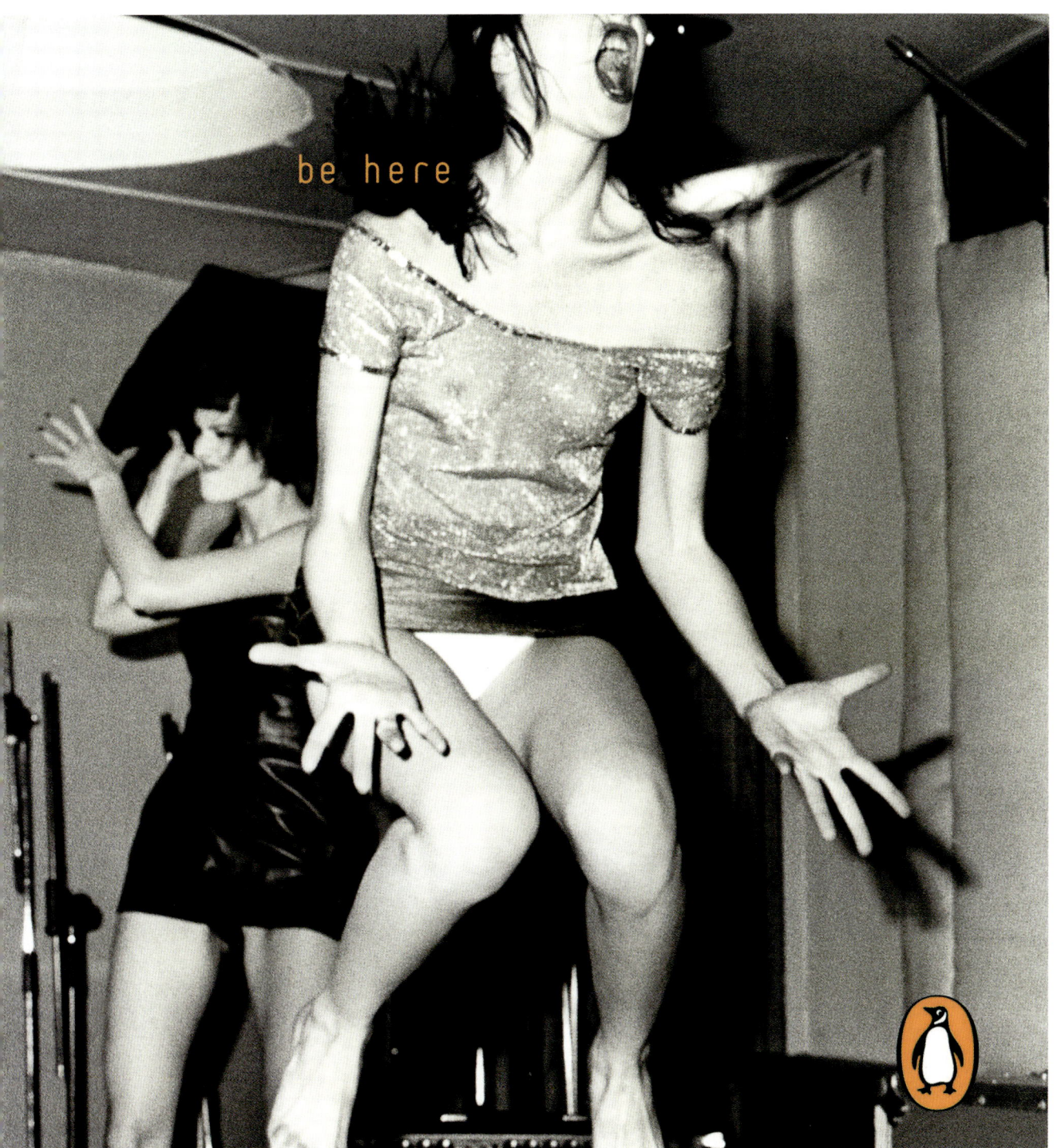

be here

Combiner la typographie et l'image

Certaines combinaisons visuelles font merveille. Par exemple, un slogan accrocheur imprimé en caractères gras qui « explose » sur la page va bien souvent accompagner une image sobre. L'inverse est également possible. La combinaison image « explosive » et slogan « chuchoté » peut s'avérer très efficace. De cette façon, le texte et l'image, loin de rivaliser pour attirer l'attention du public, se complètent.

À l'occasion, passer outre ces principes de base peut s'avérer extrêmement fructueux. Par exemple, si l'équipe veut donner un style rétro à sa publicité, les traitements visuels généralement considérés comme dépassés dans un contexte contemporain peuvent s'avérer, au contraire, efficaces et pertinents.

Think small (Pensez petit ; ci-dessous)

L'image et la typographie doivent être complémentaires et non pas en concurrence.

Annonceur : Volkswagen / Agence : DDB New York / Direction artistique : Helmut Krone / Rédacteur : Julian Koenig / Photographe : Wingate Paine

Un bon directeur artistique n'est pas seulement quelqu'un qui a le sens de l'esthétique et de la présentation – mais quelqu'un qui sait surprendre le lecteur. Prenons le cas, par exemple, d'une campagne publicitaire pour un maillot de bain de compétition dont l'idée de base serait la photo d'un nageur dans une piscine. C'est une image familière pour une majorité d'entre nous. Le truc consiste alors à prendre la photo de telle sorte qu'elle diffère radicalement de l'image habituelle que s'en font les gens. L'image habituelle sera une photo prise depuis le rebord de la piscine en plan moyen ou rapproché du nageur en train de nager ou une image plus dynamique en plan très rapproché sur laquelle on verra le nageur faire surface pour reprendre haleine en nageant vers l'objectif. Ces deux images sont parfaitement acceptables, à tel point que nous les voyons chaque jour à la télévision et dans les journaux. Cependant, c'est parce que nous les voyons aussi souvent qu'elles finissent par perdre de leur attrait. Elles souffrent de ce qui s'appelle le syndrome SOS (*Same Old Shot*).

Le rôle du directeur artistique consiste à déjouer les attentes du lecteur en lui présentant des situations familières sous un jour insolite. En réalité, les images qui ont le plus fort impact sur le public sont celles qui, au premier abord, comportent une ambiguïté visuelle ou une énigme. Le message passe au moment où le public rétablit le sens et comprend l'image. Quand un objet ordinaire est présenté de façon inhabituelle, l'image devient captivante.

La légende accompagnant l'image va elle aussi influer sur la façon dont celle-ci est interprétée. Toutefois, l'idée selon laquelle le public devrait « saisir » le message immédiatement n'est plus systématique. De nos jours, le public est beaucoup plus averti et à même de décoder les messages publicitaires que par le passé. L'élément « puzzle » doit également être pris en compte. Nous aimons tous, à un moment ou à un autre, résoudre des énigmes, trouver des solutions et des réponses. Un message qui nous oblige à nous creuser les méninges aura plus de chances d'être mémorisé. En laissant le soin au public de décrypter leurs messages, les annonceurs impliquent les consommateurs potentiels en tant que vecteurs de leur marque et renforcent ainsi la fidélité du public.

A conker, noticed after
a visit to the Tate.
Minds open from 10am.
TateGallery

Une bogue (ci-dessus)
Montrer un objet familier sous un jour inhabituel pour le rendre attrayant, c'est bien souvent le rôle du directeur artistique.

Annonceur : Tate Gallery / Agence : BDDP.GGT / Directeur artistique : Paul Belford / Rédacteur : Nigel Roberts

It's on your doorstep (C'est sur le pas de votre porte ; ci-dessus)

Ces affiches offrent une énigme à résoudre au lecteur. Pourquoi un garde royal monte-t-il la garde devant une chaumière de campagne ?

Annonceur : South Eastern Trains / Agence : Rapier / Chef de publicité : John Townshend / Directeur artistique : Tony Clements / Rédacteur : Hugo Bone / Communication : Henry Nash / Photographe : Nick Meek / Agent : Siobhan Squire / Producteur : Sue Odell / Chasseur de site : Big Fish

Biggest for sport (Plus de place pour le sport ; page ci-contre)

S'agit-il de photos retouchées ou d'illustrations ?

Annonceur : The Times / Agence : Rainey Kelly Campbell Roalfe/Y&R / Chefs de publicité : Jerry Hollins et Mike Boles / Directeur artistique : Andy Clough / Rédacteur : Richard McGrann / Photographe : Nick Meek

**Beer from the coast
(double page)**

Ces illustrations, inspirées
des affiches des années 1930,
des chemins de fer britanniques
évoquent parfaitement la côte
du Suffolk, où la bière Adnams
est brassée.

Annonceur : Adnams Plc / Agence :
SHOP / Illustrateur : Christopher
Wormell

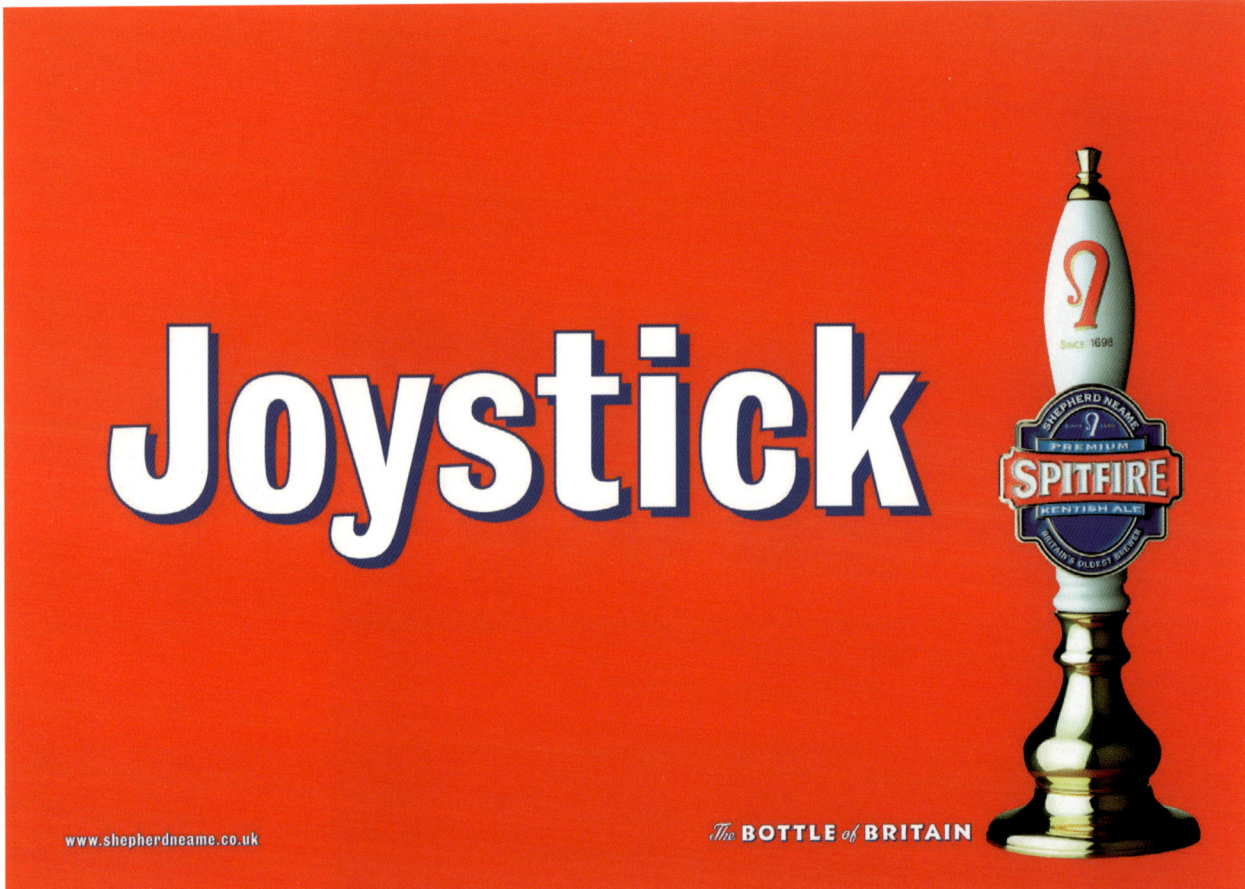

The bottle of Britain

Cette publicité joue avec humour à la fois sur le nom de la bière et sa relation avec la Seconde Guerre mondiale.

Le nom de la marque sert de pilier au concept.

Annonceur : Shepherd Neame / Agence : RPM3 / Chef de publicité : Russell Wailes / Équipe artistique : Ian Pittams et Denis Williams

Nikon.
Digital.

Two birds, one stone.

The D70 digital SLR. Under £1000. Welcome to Nikon.

Digital photography:
Start as you mean to go on.

The D70 digital SLR. Under £1000. Welcome to Nikon.

Nikon

Ces superbes photos pour la marque Nikon auraient pu être prises par l'appareil dont elles vantent les mérites ! Lorsque le produit est visuellement beau, il faut s'assurer que la photographie soit de la meilleure qualité possible.

Annonceur : Nikon / Directeur artistique : Nick Scott / Rédacteur : Paul Cardwell / Photographe : Mike Parsons

La typographie

Dans ce contexte, le choix de la typographie doit se faire en fonction du message que l'on veut faire passer. Il n'est pas vain de souligner que la typographie joue un rôle important dans le succès d'une campagne ; la lisibilité et le style des polices de caractères peuvent porter un message ou, au contraire, l'enfoncer. Depuis l'avènement du PC dans les années 1980, la façon d'aborder la typographie a radicalement changé, en particulier avec la fonction graphique WYSIWYG (what you see is what you get). Autrefois, après avoir suivi des années de formation, les typographes devaient obéir à des règles très strictes où les occasions de faire des expériences étaient très limitées. Les nombreuses « règles » de typographie sont nées à l'époque où les jeux de caractères étaient en métal fondu, et, bien qu'il soit utile de connaître les bases de la typographie, les bons directeurs artistiques sont toujours prêts à prendre des risques, à dépasser les préjugés et même, pourquoi pas, à s'amuser avec les polices de caractères.

Le choix des polices

De nos jours, la prolifération des jeux de caractères oblige le directeur artistique a prendre des décisions rapides quant au style de police voulu. Que pensez-vous des deux sélections ci-après ?

Ye Olde Tea Shoppe
Byte Size Computers

Le choix de la police va créer une première impression qui, si bonne que soit la campagne, risque d'être difficile à modifier ultérieurement. Celui-ci doit refléter la nature de la marque, du produit ou du service, et l'examen attentif d'un logo peut vous fournir des indices précieux quant à la direction à prendre. Choisir une police dont la « tonalité » est en accord avec l'esprit du sujet est également un élément important. Si la « tonalité » ne convient pas, l'accroche perdra de sa force et de son sens.

Là encore, il faut avant tout viser la simplicité. La plupart des directeurs artistiques n'emploient qu'un nombre limité de polices : celles qui ont leur prédilection pour avoir déjà fait leurs preuves. Toutefois, de nouvelles polices de caractères voient régulièrement le jour, de sorte qu'il est important de se tenir au courant des nouveautés ou des mises à jour. Dans une publicité comportant une accroche, un argumentaire et un slogan, il est généralement déconseillé d'employer différents jeux de caractères afin de ne pas brouiller le message visuel : une alternative consiste à jouer sur la taille et l'épaisseur d'une même police.

Les polices doivent être en accord avec le ou les supports médiatiques. Une police qui marche pour une campagne d'affichage peut-être totalement inadéquate pour un spot télévisé ou une campagne sur Internet. À quoi bon employer une fonte fine serif (un jeu de caractères aux jambages ornementés) pour une publicité destinée à être vue à l'écran, car la résolution risque de ne pas rendre justice à la subtilité du jeu de caractères. Songez combien il est difficile de lire le générique d'un film même sur grand écran. De la même façon, il est risqué d'employer une fonte trop fine ou trop petite sur un support imprimé si elle doit ressortir sur un fond coloré. Dans une campagne pluri médias, savoir choisir le jeu de caractères approprié est primordial.

THE BIG ISSUE FOUNDATION. SUPPORT FOR ADDICTION, MENTAL ILLNESS, RE-EMPLOYMENT AND ACCOMMODATION. THINK BIGGER.

SICK AND TIRED OF PEOPLE SLEEPING ROUGH IN YOUR AREA? I SHOULDN'T WORRY, THEIR AVERAGE LIFE EXPECTANCY IS ONLY 42.

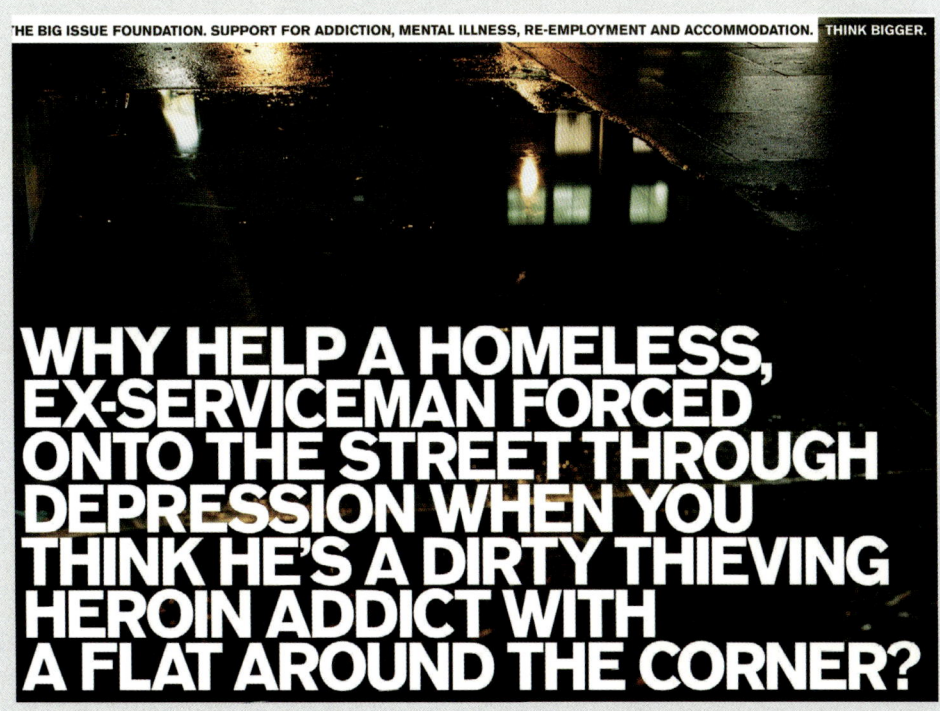

THE BIG ISSUE FOUNDATION. SUPPORT FOR ADDICTION, MENTAL ILLNESS, RE-EMPLOYMENT AND ACCOMMODATION. THINK BIGGER.

WHY HELP A HOMELESS, EX-SERVICEMAN FORCED ONTO THE STREET THROUGH DEPRESSION WHEN YOU THINK HE'S A DIRTY THIEVING HEROIN ADDICT WITH A FLAT AROUND THE CORNER?

Think bigger

Ces publicités bien conçues cassent les règles. Le corps du texte en lettres capitales envahit la page, tandis que l'accroche a l'air emprisonnée et que le logo est absent.

Annonceur : The Big Issue Foundation / Agence : TBWA / Directeur artistique : Paul Belford / Rédacteur : Nigel Roberts

Fentimans

Leith London a fait appel au typographe David Wakefield pour reproduire fidèlement ces affiches d'inspiration victorienne et vanter l'authenticité des boissons Fentimans. Des blocs d'impression en bois ont servi à en imprimer tous les éléments à l'exception de la bouteille, qui a été photographiée.

Annonceur : Fentimans / Agence : Leith London / Directeur artistique : John Messum / Rédacteurs : Simon Bere et Richard Evans

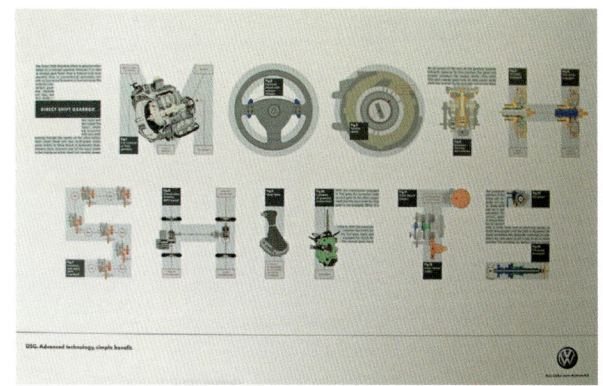

Save fuel. Smooth shifts.
(Conserver votre essence. Débrayer en douceur.)

Ces publicités réalisées pour un magazine automobile s'adressant
directement à des fans de voiture expliquent combien la technologie
Volkswagen est avancée. Opter pour une illustration de style
typographique a permis à l'équipe créative d'aborder humainement
le sujet de la technologie de pointe.

Annonceur : Volkswagen RU / Agence : DDB London / Typographe : Spencer
Lawrence / Directeur artistique : Nick Allsop / Rédacteur : Simon Veksner /
Illustrateurs : Peter Grundy, Arthur Mount, Russell Cobb / Chef de publicité :
Jeremy Craigen
Courtesy D&AD Global Awards (Typographie pour campagnes publicitaires :
médaille d'argent, 2005)

Soyez créatif, soyez concis

Planifier la typographie d'une campagne publicitaire peut vite devenir un exercice fastidieux, surtout quand on s'en tient aux modèles traditionnels. Bien sûr, les polices utilisées doivent coïncider avec les valeurs et l'image de marque de l'annonceur, mais cela ne signifie pas pour autant qu'on ne peut pas défier les conventions. Si une campagne contient un certain nombre de mots chocs, pourquoi ne pas remplacer un ou deux caractères par une image ou un objet représentant le caractère. La typographie peut ainsi devenir l'image – intégrant les mots et les images dans une illustration.

Quelle que soit votre approche, n'oubliez pas que le texte doit être concis. Il suffit parfois de retirer quelques mots pour renforcer le message d'une campagne. La clarté et la simplicité renforcent à la fois le message et l'impact de la typographie.

Bless you Bisto. Thank you Mr Kipling. Thanks Robertson's. (Dieu te bénisse Bisto. Merci M. Kipling. Merci Robertson's ; ci-dessous et page ci-contre)

Parfois utiliser la typographie pour réaliser une publicité « visuelle » permet d'ajouter une autre dimension à la communication.

Annonceur : Ariel / Agence : Saatchi & Saatchi / Directeur artistique : Andrew Clarke / Rédacteur : Ross Ludwig

Honda banana (ci-dessus)

L'écriture manuscrite calligraphiée est ici très efficace.

Annonceur : Honda UK / Agence : Wieden + Kennedy London /
Créatifs : Chris Groom et Richard Russell / Photographe : Paul Zak

Crash (page ci-contre)

Parfois on peut employer la typographie pour créer une image.
Cette publicité pour *The Guardian* évoque de manière particulièrement
habile un accident de chemin de fer avec du texte seulement.

Annonceur : *The Guardian* / Agence : DBB / Directeurs artistiques
et rédacteurs : Feargal Ballance et Dylan Harrison / Typographe :
Kevin Clarke

so much — passenger groups, still baffled, the rail passengers council leaflet explaining the ticket system runs to 45 pages.

The crisis of Britain's railways A week-long investigation continues tomorrow

Strikes, politically motivated railway workers, long commuter journeys, failed privatisation, fatal accidents, subsidies spiralling out of control, hikes in fares, conflicts between train operators and track owners, even a transport minister facing the sack?

Rail travel elsewhere in Europe is not without its problems. Countrywide stoppages over early retirement for rail staff and hours last spring cost SNCF, the French railways company, the equivalent of £90m? The fact the transport minister is a Communist did not help. SNCF's fabulous train à grande vitesse (TGV) may have accomplished the 667-mile journey from Calais to Marseille in only 3 hours 29 minutes but in November four out of ten inter-city services into Paris stations were at least five minutes late.

In Germany regional governments are locked in conflict with Berlin over cuts in public support for loss-making lines. Fares have been shooting up in Sweden and Denmark (which is contracting out lines to the private sector). In the Netherlands transport minister Tineke Netelenbos faces the chop after having just sacked the entire board running the national railway. Rail failures have become an issue in the Dutch general election due this spring. Last year only 79.9% of trains arrived on time? Which is almost down to British standards. Despite British experience, Italy is going ahead with separating track maintenance from train operations, while both Germany and Italy have recently had big accidents to match Hatfield and Paddington. But if other European countries have problems, nowhere else is the politics of rail as fraught as in Britain or the sense of public dissatisfaction as acute. Last week Peter Hain's judged British rail to be Europe's worst. That probably needs to be qualified? ...

The state-owned railways of France, Germany, Italy, Benelux and Scandinavia score notably higher. And not just railways. Those countries generally have better integrated urban transit systems and faster and cheaper buses. And dedicated lanes for cyclists, too. The physical significance of rail to the national life of Germany is shown by the fact there is a surface station for, on average, 13,400 people: in Britain it is one for 24,000. The population of France is about the same as the UK's but our neighbours travel by rail twice as much. Their network is larger. Length of track per capita in Britain is similar to Spain, which has a much lower population. Within the European Union, only people in Greece and the Netherlands do less journeying by train than in the UK.

Fares are higher here for all kinds of public transport. A typical trip costs 15% more than in Germany, 60% more than in France. Yet revenue subsidies for rail in Britain are relatively high, nearly twice as much as in France, the same as in Italy. However these figures do not show the huge contributions made by the French and German governments to capital spending on the railways and low-interest loans. In France, such high-speed lines as Paris to Calais and Paris to Strasbourg — due to be built during the next decade at massive ... are treated as regional development assistance.

The French and Germans invested considerably more in transport infrastructure in the year to 1997, the latest year for which figures exist ... under the European Union ... the UK

À vous de jouer !

En ne vous servant que de typographie, créez et illustrez un arbre. Veillez à ce que les mots utilisés aient un rapport avec le sujet.

Une seule image vaut mille mots

Les campagnes publicitaires où l'on ne montre que des images ne datent pas d'hier. Les publicités pour Benson & Hedges, dans les années 1970, ou pour Benetton, dans les années 1990, en sont le meilleur exemple. L'image n'a jamais été aussi importante qu'aujourd'hui, dans un marché global où les marques doivent transcender les barrières culturelles. Aujourd'hui, la langue n'est plus un problème dès lors que le visuel permet de véhiculer le message.

The cream of Manchester : Dartboard (fléchettes). Melted ice cream (crème glacée fondue). Fuel gauge (jauge à essence). (ci-dessous et page ci-contre)
Cette campagne d'annonces-presse et d'affichage qui a valu une récompense à Boddingtons n'emploie que l'image et le logo. Une campagne comme celle-ci, à la longévité exemplaire, nécessite un concept central fort.

Annonceur : Boddingtons Cream of Manchester / Agence : Bartle Bogle Hegarty UK / Équipe créative : Jo Moore et Simon Robinson / Photographe : David Gill / Modeliste : Gavin Lindsay

Moins d'argumentaire

Ce n'est sans doute pas un hasard si la publicité non textuelle connaît un regain de popularité alors que le nombre d'internautes ne cesse d'augmenter. Dès lors qu'Internet offre à chacun la possibilité de se renseigner en détail sur tel ou tel produit ou service, il n'y a plus lieu de faire des annonces-presse bourrées de texte. Internet est un supermarché ouvert 24 heures sur 24, proposant un catalogue en ligne consultable à loisir par les consonautes. En quelques clics, il est possible de voir le dernier spot TV ou d'effectuer une visite virtuelle du produit.

Le visuel raconte l'histoire

Les meilleures publicités non textuelles sont efficaces précisément parce qu'elles ne comportent pas de texte. Elles communiquent instantanément avec le consommateur et utilisent des concepts quasi inusables. L'équipe créative doit s'efforcer de rendre la communication aussi directe que possible – certaines publicités visuelles manquent leur but parce qu'elles sont trop compliquées et requièrent trop d'efforts de décryptage de la part du public, alors que quelques mots d'explication auraient simplifié la communication.

Se faire remarquer

Il est communément admis que les consommateurs sont de nos jours visuellement plus éduqués et donc plus sélectifs que leurs aînés quant au type d'images qu'ils sont prêts à consommer. Parfois, un seul visuel dynamique qui se fait remarquer peut en dire beaucoup plus long sur une marque que toute une série de photos. Un visuel insolite, voire mystérieux ou même choquant, permettant au public de compléter le message sera d'autant plus marquant qu'il est interactif et accrocheur.

**Guinness Extra Cold : Iceberg. Esquimau. Robinets. Ventilateur.
(ci-dessus et page ci-contre)**
Cette publicité a placé le célèbre verre Guinness au centre d'une
série d'illustrations toutes simples pour vanter la bière « extra cold ».

Annonceur : Guinness / Agence : Abbott Mead Vickers BBDO Ltd.

À vous de jouer !

Votre équipe créative va devoir plancher sur le brief d'un magasin de bricolage qui souhaite promouvoir ses produits auprès d'une clientèle féminine. Des études récentes ont montré que les femmes constituent une part importante de la clientèle des magasins de bricolage et des jardineries.

Votre mission est de concevoir une campagne annonce-presse à l'intention des magazines féminins. Le ton doit être moderne et convaincant, le concept étant que le bricolage peut être une expérience gratifiante.

L'AVENIR
DE LA PUBLICITÉ

Un domaine en constante évolution

Il y a fort à parier que l'avenir de la publicité sera marqué par des changements radicaux, tant dans le domaine des médias que du message, du marché, des annonceurs et des agences. L'évolution se fera sentir essentiellement dans les rapports que chacun de ces pôles entretient avec les autres. Bien qu'il soit impossible de prédire l'avenir avec certitude, il est néanmoins possible de se baser sur les tendances du passé et les avancées technologiques présentes et futures pour essayer d'imaginer à quoi ressemblera la publicité de demain.

Les supports

Tant sur le fond que sur la forme, la publicité restera vraisemblablement en évolution permanente, dans la mesure où il lui faut constamment se réinventer pour pouvoir s'adapter aux nouvelles technologies et répondre aux attentes d'un marché polymorphe. L'engouement pour un support publicitaire plutôt qu'un autre a depuis toujours été fonction des avancées technologiques et de la demande. Il n'y a pas de raison de penser que cela devrait changer. Dans un futur proche, il est probable que la publicité télévisuelle déclinera au profit d'un type de démarchage plus direct. De nos jours, la fragmentation et la complexité des médias obligent les annonceurs et les agences à se tourner vers d'autres médias moins conventionnels et à redoubler d'imagination et de créativité.

Bien que les supports traditionnels comme la presse, la radio, la télévision et l'affichage continuent à jouer un rôle important, l'émergence de nouvelles technologies et de nouveaux talents créatifs a ouvert de nouvelles voies à la publicité. L'explosion du phénomène Internet, des médias numériques et des téléphones portables a non seulement contribué à augmenter le nombre de canaux de communication, mais également offert aux annonceurs la possibilité de créer une relation interactive avec le public. Le marketing direct va aussi exploser, à mesure que l'audience d'Internet et de la télévision numérique interactive va se développer, permettant ainsi d'établir un mode de communication de « personne-à-personne » entre les annonceurs et leurs clients. De tels médias ont également tendance à converger. Le meilleur exemple est la WebTV/livebox qui propose un seul forfait pour l'accès à Internet et au bouquet numérique.

L'utilisation des nouveaux médias ne se limitera pas nécessairement à Internet et aux supports numériques. On va sans doute voir émerger des médias jusqu'ici restés inexploités par la publicité. Comme la publicité « tactique » (voir la rubrique « Les médias tactiques », p. 28), qui consiste à employer les médias d'une façon différente et inhabituelle afin de se faire remarquer du public au milieu d'une avalanche d'annonces publicitaires.

Le marché

De nos jours annonceurs et agences se retrouvent confrontés à de nouveaux défis. La croissance économique et les nouvelles technologies ont eu pour effet de faire du monde un village global. En conséquence, la publicité se doit d'être de plus en plus culturellement exportable. Une seule campagne doit pouvoir toucher plusieurs publics de consommateurs de culture et de nationalité différentes.

En outre, les consommateurs eux-mêmes commencent à être plus exigeants quant à la qualité des produits et des services offerts. Ils répondront moins facilement à une publicité qui ne s'adresse pas à eux personnellement. Tous les indicateurs semblent montrer une demande croissante pour le marketing direct. Les annonceurs sont d'ores et déjà nombreux à rechercher de nouveaux créneaux commerciaux et à offrir des marques et des services spécifiques à des groupes de consommateurs spécifiques. Les annonceurs ont désormais accès à des logiciels et à des bases de données sophistiqués qui leur permettent de cibler plus précisément leurs consommateurs. Cela a pour effet de créer un type de relation plus personnel entre le consommateur et la marque. Les produits eux-mêmes peuvent être personnalisés au moyen d'accessoires tels que cadeaux et « bonus », qui contribuent à resserrer les liens entre les individus et les marques.

Le message

En mettant l'accent sur la qualité de la communication, on peut d'une certaine façon court-circuiter le penchant naturel du consommateur des temps modernes à filtrer les messages publicitaires et à séparer le « bon grain de l'ivraie ». Le principe fondamental selon lequel la publicité informe en distrayant sera toujours d'actualité, mais à l'avenir les argumentaires de vente se feront plus discrets. L'intérêt du consommateur pour un produit ou une marque sera capté de façon plus subtile. Les consommateurs auront la possibilité de voir ou non, au gré de leur envie, les messages publicitaires. De nouvelles stratégies seront nécessaires pour toucher des publics qui vont exiger plus de la part des annonceurs qui commercialisent ces marques.

La façon dont les codes culturels changent au fil du temps oblige les annonceurs à réévaluer constamment leur mode de communication. Ils doivent prendre en compte l'évolution des comportements et des sensibilités culturelles des différents publics. On constate qu'ils sont d'ores et déjà obligés de se montrer concernés par l'environnement et le bien-être social.

Ils doivent également être à l'écoute des changements de mode et de style de langage. Ce qui était à la mode il y a un an, peut avoir l'air complètement dépassé l'année suivante, ce qui, dans le pire des cas, peut entraîner une perte de crédibilité et de parts de marché pour une marque donnée.

Les agences et les créatifs

L'industrie de la publicité se voit confrontée au dilemme sans cesse grandissant de devoir choisir entre la généralisation et la spécialisation. Si, pour la plupart des grosses agences internationales, offrir une gamme de services et de solutions créatives la plus vaste possible reste un atout majeur, il n'en demeure pas moins que les agences offrant un savoir-faire plus pointu et spécialisé ont, elles aussi, leur utilité.

La plupart des agences abordent ce dilemme grâce à une approche plus flexible de l'intégration des services. Au cours des dernières décennies, l'organisation interne des agences a connu de véritables bouleversements. La plupart d'entre elles se sont dotées de nouvelles antennes proposant des services de communication spécialisés dans les nouveaux médias, par exemple, ou les relations publiques. Bien souvent, l'agence de publicité est un pivot important d'un groupe de communication plus vaste, constitué de plusieurs compagnies offrant une large gamme de services. Cela leur a permis d'élargir leur champ d'action et de constituer des équipes de spécialistes dont les talents et le savoir-faire sont en adéquation avec un type de projet donné. Ce type d'organisation permet une meilleure coordination et une synergie de la communication marketing, un procédé appelé aussi IMC (*Integrated Marketing Communications*).

Les perspectives de la profession

« À quels changements majeurs doit-on s'attendre au cours des dix années à venir ? »

Graham Fink
Directeur artisique, M&C Saatchi

L'avenir de la publicité est un univers exaltant. En particulier à cause des incertitudes et des inquiétudes suscitées par les nouveaux médias et les avancées technologiques. Pour moi, c'est un creuset d'opportunités extraordinaire. On fait table rase. C'est un coup de fouet qui va relancer les marques. Nietzsche l'a très bien résumé lorsqu'il a dit : « Il faut avoir un chaos en soi-même pour accoucher d'une étoile qui danse. »

Des idées fraîches et excitantes vont finir par émerger de cet état de confusion générale. Jamais comme maintenant n'a-t-on eu besoin d'idées nouvelles. Les braves triompheront, c'est certain. J'ai hâte de voir ça.

Nigel Clifton
Directeur artistique, EHS Brann

La publicité de l'avenir sera [d'une certaine façon] plus
personnelle, plus directe. Avec les canaux médiatiques
dont nous disposons aujourd'hui – comme iPod, XDA, et la
téléphonie mobile – la publicité va suivre deux directions. Il y
aura de très grosses campagnes multicanaux, plus grandioses
et divertissantes, qui toucheront tout le monde, et il y aura
un type de communication plus personnalisé et discret, mené à
partir de données recueillies sur chacun d'entre nous, sur notre
comportement vis-à-vis de telle marque ou produit. Internet
et les autres supports numériques vont façonner la publicité
de demain, c'est certain. Le problème n'est pas de savoir « si »
cela va arriver, mais « quand » cela va arriver.

Robert Pott
Ancien membre de Y&R. Aujourd'hui directeur
artistique de trois agences « virtuelles »

Quel est l'avenir de la publicité ? Tant qu'il y aura des
marques, il y aura de la pub. L'espèce humaine adore
les rituels et les bonnes histoires.

Tant qu'il y aura des gens pour croire qu'un bout de tissu
peut vous donner l'air sportif, que l'anagramme d'une
obscénité imprimé en travers de la poitrine vous donne l'air
plus sexy, et qu'il est plus sain d'attendre avant de se faire
resservir une bière, la publicité a de beaux jours devant elle.
Quant aux agences, je ne suis pas sûr que l'avenir qui les
attend soit si rose. L'irrésistible montée en puissance d'Internet
a démontré que de simples mortels pouvaient désormais
communiquer depuis chez eux.

Tout le monde peut être un créatif ou un typographe de
nos jours. Les idées ne sont plus reines, ce sont désormais de
simples servantes. Je pense que nous sommes entrés dans l'ère
des agences virtuelles où les frais généraux (y compris la Ferrari
du PDG) seront sacrifiés au profit de méthodes de travail
plus flexibles, réactives et rentables…

ANNEXES

Conclusion

Les principes dont il est question ici vous apporteront les bases nécessaires à la compréhension du monde de la communication publicitaire et vous aideront à aborder l'étude de cette discipline avec le recul et le sens critique nécessaires.

Une fois la théorie intégrée, nous espérons que vous pourrez passer à la pratique grâce aux exemples et aux exercices fournis, et tester ainsi votre potentiel créatif. Souvenez-vous cependant qu'il faut inventer et non pas imiter. Si vous vous contentez de copier un concept, si génial soit-il, vous ne produirez jamais rien d'original. Mieux vaut donc vous inspirer des exemples qui vous sont proposés. Demandez-vous : « Qu'est-ce qui fait que cette idée ou cette campagne est efficace ? », et relevez vos manches pour essayer de faire encore mieux ! Bonne chance.

La publicité est un domaine d'activité passionnant sans cesse appelé à relever de nouveaux défis et à trouver des solutions. Être créatif, c'est savoir s'adapter au changement et trouver de nouvelles solutions originales pour satisfaire les besoins du client. La publicité va sans doute continuer à jouer un rôle important dans la commercialisation de produits ou de services, mais les nouveaux médias et technologies offrent un champ d'action beaucoup plus vaste aux annonceurs et à leurs agences. Les solutions les plus créatives supposent une utilisation intégrée des différents médias permettant de renforcer l'image d'une marque et de communiquer clairement avec un public moderne, habitué de la communication.

Dans cet ouvrage, nous nous sommes attachés à explorer les aspects les plus créatifs de la publicité, en mettant l'accent sur la conceptualisation et la réalisation. Toutefois, dans le monde de la communication, il convient de pouvoir trouver des solutions créatives et innovantes à tous les problèmes. Que vous soyez plus attiré par la conception, le média planning, la production ou la stratégie commerciale, la publicité vous offre un nombre quasi illimité de possibilités d'exercer votre créativité.

Illustrations (page ci-contre)

Inspirez-vous des exemples fournis. Demandez-vous : « Qu'est-ce qui fait que cette idée ou cette campagne est efficace ? »

Les crédits des ces images sont mentionnés pages 35, 79, 92 et 158.

Ressources

Cb News

Publiée chaque semaine, *Cb News* est le journal des professionnels de la publicité par excellence. On y trouve les toutes dernières actualités du métier, ainsi que des revues critiques des dernières campagnes publicitaires, des articles de fond, des commentaires de professionnels reconnus, des offres d'emploi.

CB News, 4 bis rue de la Pyramide, 92643 Boulogne Cedex
Téléphone : +33 (0) 1 55 38 55 01
Site Internet : www.cbnews.fr

Young Creatives Network (YCN)

L'YCN a pour vocation d'aider de nouveaux talents créatifs à se faire connaître. Centre de ressources et de documentation accessible aux étudiants des universités affiliées, il organise des concours et publie chaque année un magazine dans lequel les talents les plus prometteurs du Royaume-Uni sont mis à l'honneur. On y trouve aussi des articles et reportages sur des aspects clés de la profession. Il est possible de s'inscrire en ligne gratuitement pour avoir accès à toute la banque de données.

YCN, First Floor, 181 Cannon Street Road, Londres, E1 2LX, RU
Téléphone : +44 (0) 20 7702 0700
Fax : +44 (0) 20 7702 9869
E-mail : info@ycnonline.com
Site Internet : www.ycnonline.com

Le Club des Directeurs Artistiques

C'est en septembre 1967 que s'est concrétisée l'idée de créer le Club des Directeurs Artistiques. Cette dénomination a été adoptée par tous les pays du monde, en référence au Art Director's Club of New York créé en 1927 et qui était à l'origine un club regroupant uniquement des directeurs artistiques de presse.

Le premier objectif du Club est de reflèter la publicité dans ce qu'elle a de meilleur, et d'encourager la création. Pour ce faire, la première tâche consiste à réunir les campagnes de l'année, les faire juger par un jury de créatifs élus, et à établir un palmarès annuel. Les travaux sont ensuite exposés, puis publiés dans un annuaire. Dès l'origine, toutes les catégories sont représentées : publicité presse magazine et presse quotidienne, affichage, films cinéma et télévision, édition, publicité sur le lieu de vente (PLV), sites internet, clips vidéo, photo et illustration. À ce jour, la collection complète des bilans annuels du Club rassemble plus de trente volumes, de près de 400 pages chacun.

Le Club des DA
40, Bd Malesherbes, 75008 Paris
Téléphone : +33 (0) 1 47 42 13 42
Site Internet : www.leclubdesad.org

Advertising Standards Authority (ASA)

Crées en 1961, l'ASA et le CAP (Committee of Advertising Practice) sont les deux instances officielles d'autodiscipline publicitaire pour les médias autres qu'audiovisuels. En 2004, elles ont fusionné avec Ofcom et sont désormais responsables de la régulation de la publicité TV et Radio. L'ASA doit juger du contenu des publicités ayant suscité des plaintes de la part du public ou des professionnels et peut exiger la modification ou le retrait d'une publicité jugée mensongère ou offensante.

Outre qu'elle décerne des prix à de jeunes talents, l'ASA propose des ressources et matériels pédagogiques tels que des études de cas ayant fait l'objet d'une décision de justice.

ASA, Mid City Place, 71 High Holborn, Londres, WC1V 6QT, RU
Téléphone : +44 (0) 20 7492 2222
Fax : +44 (0) 20 7242 3696
E-mail : enquiries@asa.org.uk
Site Internet : www.asa.org.uk

NABS

NABS apporte conseils et soutien aux professionnels de la communication, de la publicité, du design, du marketing direct, de la vente à distance, des relations publiques et de la vente promotionnelle.

NABS met à la disposition de ses membres divers types de services tels que conseils d'orientation professionnelle, bibliothèque de ressources et documentation, publications « comment débuter », ainsi qu'une salle équipée d'ordinateurs, scanners, fax, téléphone et accès Internet. NABS dispose également de listes de contacts et de références, de show-reels, d'une bibliothèque spécialisée dans les publications et annuaires professionnels avec accès à des bases de données Internet. Les consultations avec les conseillers sont individuelles, on y apprend notamment comment rédiger un CV, constituer un portfolio, passer un entretien d'embauche.

L'accès à ces services est entièrement gratuit. NABS organise également des séances hebdomadaires de critique d'œuvres. Elle publie des offres d'emploi en partenariat avec des cabinets de recrutement et a mis en place un système de petites annonces, le Lonely Hearts Book Club et le Portfolio Bootcamp, permettant la prise de contact entre créatifs recherchant des associés.

NABS, 91a Berwick Street, Londres, W1F 0NE, RU
Téléphone : +44 (0) 20 7292 7330
E-mail : nabs@nabs.org.uk
Site Internet : www.nabs.org.uk

OpenAd.net

OpenAd.net est une bourse en ligne des idées publicitaires, marketing et design. Les idées sont proposées par des créatifs, professionnels ou débutants, où n'importe qui ayant une idée valable. Ce site permet aux créatifs de soumettre des idées inédites, mais également de plancher sur de vrais briefs en temps réel. Les annonceurs intéressés peuvent s'enregistrer comme « acheteurs » et ont ainsi la possibilité d'acheter n'importe quelle idée ou concept soumis par les créatifs. OpenAd.net a mis en place un système d'enregistrement en ligne sécurisé afin de sauvegarder et de protéger les idées qui lui sont soumises contre le piratage.

Téléphone : +44 (0) 20 7290 2711
E-mail : jo@openad.net
Site Internet : www.openad.net

IPA (Institute of Practitioners in Advertising)

L'IPA est une association professionnelle et un institut de formation britannique regroupant 250 agences de communication exerçant dans le domaine des médias numériques, le marketing direct, la publicité et le sponsoring.

L'IPA a pour vocation de favoriser l'insertion et le recrutement des jeunes diplômés dans les métiers de la communication. Elle propose un vaste choix de services et conseils, ainsi qu'une rubrique IPA Jobs Online sur laquelle il est possible de déposer son CV et de consulter les offres d'emploi et de remplacement.

The IPA, 44 Belgrave Square, Londres, SW1X 8QT, RU
Téléphone : + 44 (0) 20 7235 7020
Fax : + 44 (0) 20 7245 9904
E-mail : info@ipa.co.uk
Site Internet : www.ipa.co.uk

Institute of Direct Marketing (IDM)

Association professionnelle représentant les métiers du marketing direct, l'IDM invite les débutants à faire leurs premiers pas dans la profession en consultant son bulletin de petites annonces. L'IDM propose également des stages de formation activement soutenus par la plupart des agences de marketing.

IDM, 1 Park Road, Teddington, Middlesex, TW11 0AR, RU
Téléphone : +44 (0) 20 8977 5705
Fax : +44 (0) 20 8943 2535
E-mail : enquiries@theidm.com
Site Internet : www.theidm.com

Marketing Communications Consultants Association (MCCA)

Association professionnelle regroupant des agences de communication spécialisées dans le marketing, la MCCA a mis en place un service d'aide aux jeunes diplômés souhaitant faire carrière dans le marketing. Elle publie des offres d'emploi et aide les agences à recruter directement des candidats à la sortie des universités.

MCCA, 3-4 Bentinck Street, Londres, W1U 2EE, RU
Téléphone : + 44 (0) 20 7935 3434
Fax : + 44 (0) 20 7935 6464
E-mail : info@mcca.org.uk
Site Internet : www.mcca.org.uk

European Association of Communications Agencies (EACA)

Basé à Bruxelles, cet organisme a pour vocation de représenter les agences de publicité et de communication et les associations professionnelles d'agences en Europe.

Sa mission est de promouvoir la publicité honnête et de qualité dans un marché de libre concurrence et d'encourager la coopération entre les agences, les annonceurs et les médias européens.

EACA, 152, bd Brand Whitlock, B-1200 Bruxelles, Belgique
Téléphone : +32 2 740 07 10
Fax : +32 2 740 07 17
Site Internet : www.eaca.be

European Advertising Standards Alliance (EASA)

L'EASA est une association internationale à but non lucratif basée à Bruxelles et regroupant des organismes d'autodiscipline publicitaire de différents pays (SROs) et des associations professionnelles en Europe.

L'EASA est le seul organisme d'autodiscipline reconnu par l'ensemble de la profession. Elle a vocation à promouvoir et à renforcer les systèmes actuels d'autodiscipline tout en veillant au respect des différences nationales, culturelles, et des pratiques légales et commerciales.

EASA, 10a, rue de la Pépinière, B-1000 Bruxelles, Belgique
Téléphone : +32 2 513 78 06
Fax : +32 2 513 28 61
E-mail : library@easa-alliance.org
Site Internet : www.easa-alliance.org

International Advertising Association (IAA)

Association unique en son genre, elle a pour mission de défendre les intérêts de tous les métiers de la communication marketing – depuis les annonceurs jusqu'aux groupes de communication, en passant par les cabinets de marketing et les consultants indépendants.

IAA World Service Center, 521 Fifth Avenue, Suite 1807, New York, NY 10175, États-Unis
Téléphone : + 001 212 557 1133
Fax : + 001 212 983 0455
E-mail : iaa@iaaglobal.org
Site Internet : www.iaaglobal.org

Association des agences conseils en communications (AACC)

Créée en 1972, l'AACC regroupe aujourd'hui près de 200 agences-conseils en publicité, marketing services, communication interactive, corporate, événementielle, édition publicitaire et communication santé. Toutes ces agences remplissent les critères de sélection et acceptent de respecter l'ensemble des règles professionnelles. Le label de l'AACC est un gage de crédibilité reconnu par l'ensemble du marché.

AACC, 40 Boulevard Malesherbes, 75008 Paris
Téléphone : +33 (0) 1 47 42 13 42
Fax : +33 (0) 1 42 66 59 90
Site Internet : www.aacc.fr

World Federation of Advertisers (WFA)

C'est la seule organisation internationale représentant les intérêts des annonceurs. La WFA regroupe 55 associations d'annonceurs issues de cinq continents et compte plus de 40 des 100 annonceurs du monde les plus importants.

La WFA regroupe quelques 10 000 entreprises dans tous les secteurs de l'économie, tant au niveau national que régional ou international. Ces entreprises représentent environ 90 % du marché mondial de la communication marketing, soit un budget annuel avoisinant les 700 milliards de dollars.

The WFA, 120, avenue Louise, 1050 Bruxelles, Belgique
Téléphone : +32 2 502 57 40
Fax : +32 2 502 56 66
E-mail : info@wfanet.org
Site Internet : www.wfanet.org

The Fink Tank

Ce site Internet conçu par le directeur artistique Graham Fink offre aux créatifs débutants la possibilité de travailler sur des briefs récents, d'échanger des idées, de trouver des associés et de suivre des séminaires.

Thefinktank, 25 Lexington Street, Londres, W1F 9AG, RU
Téléphone : +44 (0) 20 7851 0851
Fax : +44 (0) 20 7439 0001
E-mail : info@thefinktank.com
Site Internet : www.thefinktank.com

Art Directors Club (ADC)

L'ADC encourage les étudiants à approfondir leurs connaissances dans le domaine de la communication visuelle en proposant des séminaires, des bourses, des expositions. Des ateliers pratiques en milieu scolaire permettent d'initier les lycéens aux bases de la profession et de les encourager à suivre des études artistiques ou à entrer dans le métier. L'ADC offre également la possibilité aux étudiants des universités américaines qui le souhaitent de soumettre leur portfolio à la critique de professionnels du marketing, de la communication ou de la création.

The Art Directors Club, 106 West 29th Street, New York, NY 10001, États-Unis
Téléphone : +001 212 643 1440
E-mail : info@adcglobal.org
Site Internet : www.adcglobal.org

The One Club

The One Club for Art and Copy est une association à but non lucratif pour la promotion de la publicité créative. Fondé en 1975, il compte environ 1 000 membres, parmi lesquels des rédacteurs et des directeurs artistiques. Outre qu'il a pour but d'encourager l'excellence dans le domaine de la créativité, il organise le concours le plus prestigieux dans le domaine de la publicité, The One Show. Jugé par un panel de directeurs artistiques de renom, ce concours annuel consacre de jeunes talents dans différentes catégories, dont la télévision et la radio, les journaux et magazines, l'affichage publicitaire et du service public. Le très convoité prix du Gold Pencils est tenu en haute considération par les professionnels de la publicité.

The One Club for Art & Copy, 21 East 26th Street, New York, NY, 10010, États-Unis
Téléphone : 001 212 979 1900
E-mail : info@oneclub.org
Site Internet : www.oneclub.org

Internet Advertising Bureau (IAB)

L'Internet Advertising Bureau est une association professionnelle représentant les métiers de la vente et de la publicité sur Internet. Ceux qui souhaitent en savoir plus sur la publicité en ligne – un secteur en pleine expansion – peuvent se rendre sur son site Internet.

IAB, Ingram House, 13-15 John Adam Street, Londres, WC2N 6LU, RU
Téléphone : +44 (0) 20 7886 8282
E-mail : info@iabuk.net
Site Internet : www.iabuk.net

Remerciements

Un grand merci de la part de Ken, Nik et Caroline à toutes les agences et aux professionnels free lance qui ont aidé à la réalisation de ce livre et dont le travail est exposé dans ces pages. En particulier : Nigel Clifton, Alicia Chong, Graham Fink, Phil Hawks, Nick Morris, Bob Pott, Seb Royce et Colin Stone pour leur inestimable contribution ; Chris Bailey, Keith Ramsden et Andy Seymour pour leurs photos ; Roger Cayless et Giles Ecott, de TMP, et Matt Lawton, de Lawton, pour le matériel visuel ; Carolyn Cummings-Osmond, de l'université Solent de Southampton, pour les idées d'exercices de rédaction et Mandy Wheeler, de Punch It Up (www.punchitup.co.uk), pour les exercices de la section radio.

Également un grand merci à la D&AD pour son soutien moral et matériel et à tous les étudiants anciens et récents qui nous ont aidés et inspirés, en particulier Sam Bowden, Simon Cenamor, Neil Collins, Nick Cooper, David Rose et Chris Spore. Et, enfin, un grand merci à nos éditeurs, qui ont permis que ce livre voie le jour.

Nous avons fait de notre mieux pour faire apparaître toutes les autorisations de reproduction et le nom des ayant-droits. Si, par mégarde, il y avait des omissions, l'éditeur ferait en sorte de les corriger dans les éditions à venir.

Ken
Un grand merci à ma mère et à ma sœur, Linda, pour leur soutien indéfectible, et un autre grand merci à mes collaborateurs, Nik et Caroline, sans qui ce projet n'aurait jamais vu le jour.

Nik
Je voudrais remercier ma femme, Tracy, et mes enfants, Kieran et Sarah, ainsi que ma mère, Trudi, qui me soutiennent depuis des années – chers tous, je vous aime. Mes chers collaborateurs, Caroline et Ken. Enfin, un grand merci à Simon Barwick, qui m'a donné ma première chance dans la publicité et m'a beaucoup appris durant mes années d'apprentissage.

Caroline
Merci à Ken et Nik d'avoir fait appel à moi pour la rédaction de cet ouvrage et de m'avoir accueillie au sein de l'équipe. Merci aussi à tous mes étudiants pour leurs conseils et leurs idées, et, enfin, un grand, grand merci à John, Julia et Hannah – vous êtes les meilleurs !